Giovanni Sarpellon

LINO TAGLIAPIETRA

vetri   glass   verres   glas

arsenale editrice

LINO TAGLIAPIETRA
vetri glass verres glas

Picture research
interstudio
Venice & Murano

Photographs
Archive EffeTre International
Eduardo Colderan
George Emil
Claire Garoutte
Nick Gundersohn
Interstudio
Museo Vetrario of Murano
Russel Johnson
Poligraf
Roger Schreiber
Studio Immagine
Rob Vinnedge
Ray Charles White

Translations
Sylvie Favalier (French)
Lore Strecker (German)
Heidi Wenyon (English)

Translation management
CO.VE.TR.IN., Venice

Printed in Italy by
EBS, Editoriale Bortolazzi-Stei
Verona

First edition
April 1994

Copyright © 1994
Arsenale Editrice
San Marco 4708
30124 Venice (Italy)

ISBN 88-7743-149-0

Contents

Un grazie.
Il maestro vetraio non lavora mai da solo e anch'io in oltre quarantacinque anni di lavoro ho accumulato debiti di gratitudine con una moltitudine di persone che ora vorrei ma non posso ricordare una per una: essi sono maestri vetrai, serventi, designers, artisti, imprenditori.
Un ringraziamento particolare voglio comunque esprimere a mia moglie Lina che continua a essermi preziosa compagna e ad alcuni cui molto devo e che non sono più tra noi: Franco Panizzon, Rino Siega e Andreis Copier.

Lino Tagliapietra

Merci.
Le maître verrier ne travaille jamais seul et moi aussi, durant plus de quarante-cinq années de travail, j'ai accumulé des dettes de reconnaissance envers une multitude de personnes que je voudrais aujourd'hui évoquer l'une après l'autre, mais cela m'est impossible: ce sont des maîtres verriers, des assistants, des designers, des artistes, des entrepreneurs. Je veux toutefois adresser un remerciement tout particulier à mon épouse Lina, qui continue à être ma précieuse compagne, ainsi qu'à Franco Panizzon, Rino Siega et Andreis Copier, à qui je dois beaucoup et qui ne sont plus parmi nous.

Lino Tagliapietra

A word of thanks.
A master glassmaker never works alone, and in the course of more than forty-five years of work I have become deeply indebted to a great many people – to other glassmakers, assistants, designers, artists and entrepreneurs – whom, if only it were possible, I would like to name one by one.
Nevertheless, I would particularly like to thank my wife, Lina, for her continued support and companionship, together with three people to whom I owe a great deal, and who are no longer with us: Franco Panizzon, Rino Siega and Andreis Copier.

Lino Tagliapietra

Ein Dankeschön.
Der Glasmeister arbeitet nie allein, und auch ich habe im Lauf meiner über fünfundvierzigjährigen Tätigkeit bei einer großen Zahl von Personen eine Dankesschuld abzuleisten. Obwohl ich es gerne tun würde, kann ich in diesem Rahmen nicht jeden einzeln nennen: Es sind Glasmeister, Glasmachergesellen, Designer, Künstler, Unternehmer. Ein besonderer Dank gilt meiner Frau Lina, die mir wertvolle Gefährtin war und ist, sowie Franco Panizzon, Rino Siega und Andreis Copier, die mir viel gegeben haben, aber nicht mehr unter uns sind.

Lino Tagliapietra

LINO TAGLIAPIETRA: L'ARMONIA DEL VETRO

La radicale trasformazione che nel ventesimo secolo ha coinvolto l'intero universo dell'arte ha poi travolto, fra l'altro, ogni regola relativa non solo ai canoni espressivi ma anche all'uso dei materiali, fino ad arrivare al tempo presente nel quale la stessa reinterpretazione dell'oggetto banale già costruito è presentata come espressione artistica. Anche il vetro quindi non è più oggi, per molti, il materiale proprio dell'antica arte vetraria, ma l'equivalente del ferro, della carta bruciata o della tela di sacco sporca, indifferentemente usato dall'artista in sostituzione o assieme a qualsiasi altro materiale.

Non è questo il momento per disquisire sulla natura e sul significato dell'arte contemporanea; questo breve richiamo vuole solo avere la funzione di aiutare a comprendere il doppio binario sul quale si sta ora svolgendo lo sviluppo dell'arte in vetro. Da un lato infatti esso segue quella che potrebbe essere definita come la modernizzazione della tradizione vetraria antica che, non dimenticando la sua origine di "arte applicata", carica di modernità e di valori estetici gli oggetti che gli sono tipicamente propri; d'altro lato invece sta assumendo crescente importanza l'uso del vetro (da solo o combinato con altri materiali) da parte di artisti che non hanno alcuno specifico legame con la tradizione vetraria e che scelgono il vetro solo perché esso risponde meglio alle loro esigenze e solo in funzione di queste lo adoperano.

La questione che ora si pone è se esista una specificità dell'opera d'arte *in* vetro; se il suo essere *di* vetro, cioè, sia un accidente esecutivo o se sia invece parte essenziale della sua sostanza. La questione è in questa sede rilevante perché l'opera di Lino Tagliapietra da un lato esemplarmente illustra la complessa bipolarità dell'arte

vetraria d'oggi e, dall'altro, fornisce una risposta, convincente anche se non esclusiva, a questo fondamentale quesito. Trovare una soluzione non è cosa agevole. Ci si potrebbe anche chiedere perché mai il vetro dovrebbe conservare quella specificità espressiva che è ormai negata (anche se non unanimemente) agli altri materiali. Anche il marmo, il bronzo, il legno hanno la loro specificità. Quanto è oggi rilevante in un'opera d'arte la qualità della materia con cui l'artista si esprime? Ecco un quesito affascinante al quale l'arte d'oggi non vuole dare una risposta definitiva, ambiguamente coinvolta com'è in una continua ricerca di una soluzione che non vuole in realtà raggiungere. L'arte di vetro sembra però volersi sottrarre a questo dilemma, risolvendolo positivamente. Questo è vero, quanto meno, quando nella realizzazione dell'opera un ruolo centrale è assegnato all'intervento del maestro vetraio (sia egli un collaboratore dell'artista o l'artista egli stesso). Il vetraio, maestro del vetro, conserva sempre quell'essenziale dimensione dell'artigiano che conosce i segreti della sua materia e che sa cosa da essa può ricavare di meglio; il vetraio, inoltre, ama e rispetta la materia attorno alla quale si affatica e da essa vuole trarre non solo qualcosa di "bello", ma anche di degno di essere fatto in vetro: qualcosa per cui l'essere di vetro sia essenziale e che al tempo stesso esalti le caratteristiche della materia di cui è fatto. Rinunciare al vetro in quanto vetro e utilizzarlo semplicemente in quanto materia apparirebbe pertanto un'inutile dissipazione (e, secondo alcuni, una vera dissacrazione) che avrebbe il significato di un tentativo tanto banale quanto sterile. Lino Tagliapietra fa arte con il vetro e la sua arte non potrebbe essere che di vetro. La specificità della sua produzione artistica sta nella capacità che egli ha di riunire in sé, per così dire, i due

8

1960

binari sui quali corre l'arte di vetro d'oggi: perché egli è un *maestro vetraio* che fa arte con il vetro.

L'essenza della sua opera, cioè, è radicata nella sua storia personale che inizia nelle fornaci di Murano dove entra ancora ragazzino e dove costruisce, un po' alla volta, la sua personalità, i suoi riferimenti culturali, i suoi valori, il suo mondo. La fornace non è un collegio per figli di papà: è un luogo di lavoro duro e severo, dove regna la fatica e la pena. Si può ben capire dunque che per molti (i più) essa rappresenti solo l'inevitabile – e non amato – luogo di lavoro. Ma la fornace è anche il luogo affascinante dove la sabbia bianca diventa prima fuoco fluido e poi forma colorata di mille e mille oggetti; essa è il luogo dove un uomo può sentirsi vicino alla divinità in un'opera di magica trasformazione e di continua creazione. La fornace sceglie alcuni coraggiosi e volonterosi e ad essi concede di scoprire i suoi misteri e di gustarne il fascino.

Lino Tagliapietra, come tutti i grandi vetrai che Murano ha avuto e ancora ha, ha meritato con quarant'anni di lavoro il privilegio di stabilire con il vetro un rapporto tanto profondo da diventare naturale; ed è questo che fa di lui, appunto, anzi tutto un maestro vetraio. Questo significa che le opere di Tagliapietra sono opere *di* vetro, dove l'essere di vetro è essenziale, perché la specificità, le regole e i valori del vetro sono un'intima componente della sua personalità. Ma a tutto ciò bisogna ancora aggiungere che egli è un maestro vetraio muranese: il suo legame con il vetro è quindi strettamente caratterizzato dalla tradizione muranese e cioè non solo dalle sue tecniche, ma anche dalla tradizione formale e tipologica.

Per capire le opere di Lino Tagliapietra non si può pertanto dimenticare che egli ha alle spalle milioni di vasi, bicchieri, bottiglie, piatti che lungo i dieci secoli di storia

del vetro veneziano hanno assunto infinite forme e colori, ma che sono stati, sostanzialmente, oggetti destinati all'uso. Egli parte da questa tradizione, che ha incarnato in trentacinque anni di lavoro in fornace nella quotidianità del maestro vetraio, e su questa tradizione egli ha innestato la sua dimensione artistica. Il suo è un percorso esemplare, anche se raramente seguito. Un lunghissimo apprendistato tecnico che si accompagna alla progressiva interiorizzazione di un universo culturale lo porta prima a eccellere nell'esecuzione di oggetti pensati da altri e poi a sviluppare una crescente autonomia operativa, dove l'ispirazione artistica può facilmente esprimersi perché priva di vincoli tecnici.

Come è successo ad altri grandi maestri, Lino Tagliapietra ha dovuto per anni dar corpo a idee altrui, aggiungendo però in ciascun "pezzo" qualcosa che a un altro maestro non sarebbe riuscito. Fondamentali nella sua formazione sono stati in questo senso gli anni trascorsi nella vetreria "La Murrina" (1968-1976), dove la presenza di valenti designer invece che mortificare la sua personalità ha svolto un ruolo positivo di incitamento e stimolo, tanto da portarlo alla fine alla completa autonomia creativa. È all'inizio di questo periodo che egli crea il primo *Saturno*, un leggerissimo vaso sferico che nella sua parte centrale è circondato da una fascia parallela al piano d'appoggio (una bravura tecnica!) che negli anni successivi subirà molte trasformazioni cromatiche e materiche, fino a diventare quasi l'emblema distintivo del maestro.

Alla vetreria "EffeTre International" dei fratelli Ferro, dove approda nel 1976 assumendone la direzione, Tagliapietra sviluppa con piena libertà la sua ricerca artistica: è un periodo entusiasmante durante il quale alla quotidiana produzione per le limitate

1963

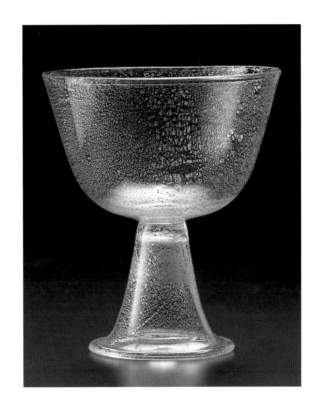

1961

serie direttamente destinate al mercato il maestro affianca un'incessante sperimentazione che dà vita a una lunga sequenza di prototipi (oggi affannosamente ricercati dai collezionisti).

È come un'esplosione di creatività che, liberata dai condizionamenti mercantili degli oggetti d'uso, gli permette di esprimere quel tesoro che aveva accumulato in sé in tanti anni di continuo servizio davanti al fuoco del forno. Non sono solo nuovi colori e nuove forme, ma nuove materie di vetro che egli crea in un processo di rivitalizzazione delle tecniche tradizionali: filigrane e intarsi, murrine e incalmi, sovrapposizioni e combinazioni cromatiche rivivono come per effetto di una magia.

La nuova posizione di autonomia raggiunta entro la vetreria gli permette anche di cogliere alcune opportunità che gli si presentano in quegli anni, fra le quali bisogna ricordare la collaborazione della fantasiosa designer veneziana Marina Angelin. Ma l'evento più ricco di positive conseguenze è la partecipazione alle tre sessioni della Scuola Internazionale del Vetro (1976, 1978, 1981), un'originale iniziativa muranese che si proponeva di affiancare su un piano di parità maestri vetrai e artisti operanti con altre materie per dar vita a nuove espressioni artistiche in vetro. In quell'occasione Tagliapietra ha modo non solo di stabilire un diretto contatto personale con un variegato gruppo di artisti internazionali, ma anche di cimentarsi nella realizzazione di vetri del tutto diversi da quelli della normale produzione: i coni e le spirali di Baracco, i sassi di Spacal, l'uovo di Margonari.

Particolarmente importante e fruttuoso fu l'incontro nel 1981 con Andreis Copier che trova in Tagliapietra l'ideale interprete dei suoi disegni, tanto che il "grande vecchio" olandese ritornò più volte a Murano per eseguire con

Tagliapietra una serie, fra le sue più belle, di nuove opere. Sono quelli gli anni in cui Tagliapietra prende la strada del mondo: nel 1979 è per la prima volta negli Stati Uniti, alla Pilchuck Glass School di Seattle (WA), chiamato da Dale Chihuly, con il quale aveva già avuto modo di lavorare. Vi ritornerà poi molte volte, così come sarà chiamato a insegnare l'arte del vetro in molte altre sedi, in Europa, negli USA, in Giappone e in Nuova Zelanda.

Contemporaneamente egli non rifiuta di collaborare con i maggiori artisti del vetro, dando corpo ai loro disegni in un rapporto di reciproco scambio e arricchimento.

Il suo inserimento nel circuito internazionale è immediato: le sue opere entrano non solo nel Museo Vetrario di Murano, ma anche nei più importanti musei del mondo; gallerie e collezionisti si contendono i suoi lavori in un crescendo entusiasmante.

Tagliapietra ha capito, come pochi altri artisti muranesi, che il mondo dell'arte vetraria ha una dimensione internazionale e che la tradizione di Murano deve aprirsi a una competizione nuova che si svolge in Europa come in America e in Giappone. E ovunque egli è presente, nuovo nomade come i vetrai delle "fornaci di foresta", che nei secoli passati continuamente spostavano i forni dove la loro opera era richiesta e legna e acqua permettevano di accendere e controllare il grande fuoco del vetraio.

Caratteristico delle opere di Tagliapietra non è tanto l'amore per il vetro, che può anche dar luogo a comportamenti banali, ma il profondo rispetto per questa materia dalla quale egli ogni volta cerca di trarre ciò che di meglio è possibile; ogni sua opera è un omaggio – quasi un monumento riconoscente – al vetro e in questo egli si differenzia radicalmente da quelle correnti artistiche che propongono, sia pure simbolicamente, la degradazione della materia

utilizzata, fin quasi ad arrivare alla sua brutalizzazione. Ciò che probabilmente meglio esprime l'idea di arte che sta nelle opere di Tagliapietra è la ricerca dell'armonia, anche là dove contrasti di luci e forme si intrecciano in opposizioni e complementarietà cromatiche e volumetriche. La sua sensibilità classica si combina con la completa interiorizzazione dei valori tecnici e da essi egli si lascia guidare: "è il vetro che talvolta mi dà l'idea" dice Tagliapietra, che raramente si serve di un disegno preliminare preferendo accumulare in sé il progetto artistico, esplicitarlo gradualmente nella preparazione del materiale necessario e poi seguire la sintonia della sua sensibilità con lo spirito del vetro che progressivamente gli si manifesta. Le sue forme sono sempre armoniose, così come il vetro che non solidifica mai nelle asperità della punta aguzza o dello spigolo vivo, ma spontaneamente descrive la soavità della linea curva.

Lino Tagliapietra era e continua ad essere un maestro vetraio muranese. Il suo essere oggi riconosciuto fra i maggiori artisti del vetro non gli ha fatto dimenticare questa sua essenziale caratteristica. È anzi vero il contrario, perché si può dire che così come onora il nome di Murano nel mondo artistico d'oggi, altrettanto egli ha anche portato a Murano (non unico) il fermento e il lievito dell'arte contemporanea.

Tagliapietra assorbe gli stimoli che gli vengono da ogni nuova esperienza e li metabolizza integrandoli nel patrimonio culturale già accumulato, riuscendo così a trovare nuovi e originali modi di esprimersi. I vetri fatti fra le betulle svedesi hanno qualcosa di caratteristicamente diverso da quelli realizzati nelle foreste neozelandesi; il sole messicano non gli ha dato gli stessi messaggi dell'affascinante cultura giapponese; il tumultuoso impeto degli americani non lo ha scosso come le onde del

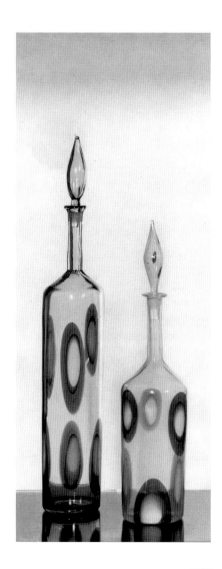

1962

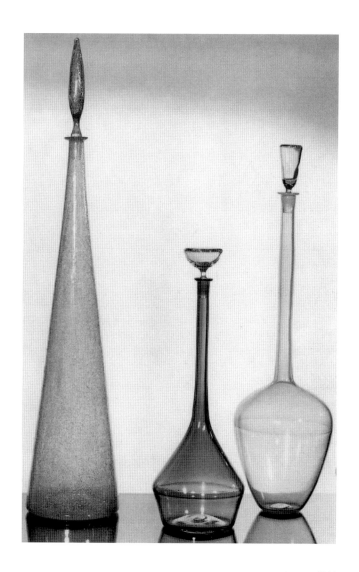

1962

porto di Marsiglia.
Tagliapietra ha un'insaziabile disponibilità verso il nuovo, sia esso una persona, un luogo o una cosa. Di tutto egli coglie un aspetto positivo di cui riesce ad arricchirsi e che in qualche modo esprime infine nelle sue opere.

E poi, dopo ogni viaggio, Lino torna a Murano.

Torna a casa, alla fonte della sua cultura e della sua maestria. E a Murano, da cui tanto ha ricevuto, egli anche restituisce. Perché Tagliapietra continua ostinatamente ad essere un vetraio muranese e le sue opere, che pur vedono la luce ai quattro angoli del mondo, sono sempre vetro di Murano e quindi anche gloria di Murano. Ciò che Lino Tagliapietra dà a Murano non è solo fama ma è anche cultura vetraria. Come pochi altri egli è al tempo stesso ambasciatore di Murano nel mondo ma anche ambasciatore del mondo a Murano che, mai come oggi, ha bisogno di accogliere, con la forza e l'orgoglio del passato, la sfida che molti, in Europa, in America, in Asia e anche in Oceania gli hanno indirizzato.

Lino Tagliapietra ha accolto questa sfida e l'ha vinta: per sé e per Murano. Non resta che sperare che molti altri, come già alcuni, si affianchino a lui nel far rivivere una tradizione ancora gloriosa.

BIBLIOGRAFIA ESSENZIALE

1977
Scuola internazionale del vetro. Primo corso per artisti, Venezia.
1979
Scuola internazionale del vetro. Secondo corso per artisti, Venezia.
1981
Vetri Murano Oggi, Milano.
1982
Mille anni di arte del vetro a Venezia, Venezia.
1983
Scuola internazionale del vetro. Terzo corso per artisti, Venezia.
1986
Il vetro contemporaneo, Venezia.
Murano, il vetro, la sua gente, Venezia.
1987
Vetri del 900. Doni al museo vetrario 1950-1987, Venezia.
1988
Uit het licht van de lagune, Rotterdam.
1989
W. Warmus (a cura di), *The Venetians. Modern Glass 1919-1990*, New York.
Il giornale dell'arte (Ott., n. 71).
Glass Work (Ott., n. 3).
1990
Glass (n. 39).
R. Maijer, *Lino Tagliapietra: Schatbewaarde van de Venetiaanse traditie*, Leiden.
NZ Herald (27 Febr.).
1991
G. Cappa, *L'Europe de l'art verrier. 1850-1990*, Liegi.
Domina (n. 35).
World Glass Now, Sapporo.
1992
R. Barovier Mentasti, *Lino Tagliapietra*, Tokyo.
Pilchuck Works, Seattle.

14

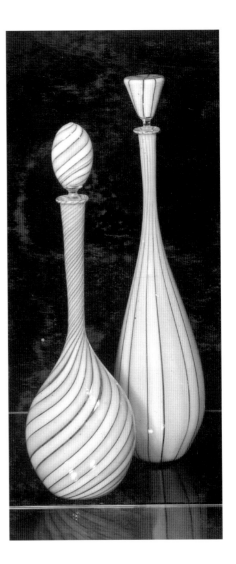

1963

1963

LINO TAGLIAPIETRA: THE HARMONY OF GLASS

The sweeping changes to which the entire art world has succumbed during the twentieth century have not only reversed all the rules concerning the canons of expression; the use of media has also been revolutionised to such an extent that a fresh interpretation of a ready-made everyday object is now handed to us as a form of artistic expression. For many people, glass, too, has abandoned its traditional niche, to be viewed much in the same way as iron, burnt paper or dirty sacking, casually employed by artists either as a replacement for, or combined with, other materials of all kinds.

This is not the moment to expound on the nature and meaning of contemporary art; I am alluding briefly to the subject simply to help readers appreciate the dual path along which the art of glassmaking is evolving at present. On the one hand, we are witnessing what might be defined as the updating of the old glassmaking tradition which, without losing sight of its original role as "applied art", seeks to imbue the objects it has always produced with modernity and aesthetic values. At the same time, glass is increasingly being used (either on its own or in conjunction with other materials) by artists who have no direct tie with the glassmaking tradition, who only choose glass because it best fits their needs, and who use it solely as a means to an end.

The question we must now ask ourselves is whether there is a specificity in works of art made *of* glass – in other words, whether the fact that a work is made *of* glass is purely incidental or whether it is essential to its creation. The question is pertinent because on the one hand, Lino Tagliapietra's work illustrates perfectly the complex bipolarity of present-day art glass and, on the other, it supplies a convincing, if not exhaustive, answer to this fundamental problem.

The solution is not easy to find. Moreover, one might wonder why glass should be allowed to maintain a specificity of expression now denied (if not unanimously) to other materials. Marble, bronze and wood also have their own specificity. Nowadays, how relevant to a work of art is the medium with which an artist expresses himself? This is an intriguing question to which contemporary art is loth to give a once-and-for-all response, engaged as it is in an ongoing quest for a solution that it does not really want to find.

Yet glass, as an art form, seems determined to extricate itself from this dilemma by resolving it in a constructive way. At least, that is the case when the master glassmaker (whether he is working alongside an artist or is himself the artist) takes a central role during the creation of a work. There is one facet of a master glassmaker's make-up that he can never shed: the craftsman, who is familiar with all the secrets of his medium and knows how to make the most of it. Furthermore, glassmakers love and respect the material with which they toil, and seek to produce not only a "thing of beauty" but an object that is worthy of glass – an object in which glass is an essential element and which at the same time enhances the qualities of the medium from which it has evolved. For this reason, it would be a pointless waste (and, some would say, positively sacrilegious) to ignore the special character of glass and to use it as just another medium; the outcome would be both trite and sterile.

Lino Tagliapietra creates art with glass, and his art could not stem from any medium other than glass. The specificity of his work lies in his ability to amalgamate, as it were, the two courses now being pursued in the field of art glass: for he is a *maestro vetraio* who makes art with

1964

1964

glass. In other words, the essence of his work is rooted in his personal history, from the time when, as a young lad, he first entered the glass workshops of Murano; it was here that he gradually developed his individuality, his cultural references, his values and his world. A glass factory is not a public school for pampered offspring: it is a punishingly tough and exhausting place of work. It is hardly surprising that many (indeed, the majority) of people who work there view it as just that – as part of the inevitable daily grind. Yet a glassworks is also a fascinating place, where white sand is first turned into liquid fire and then into coloured form, myriad objects; during this process of magical transformation and constant creation, man may feel close to divinity. The glass workshop selects a few keen, brave souls and allows them to unveil its mysteries and to savour its charms.

As with all great Murano glassmakers, past and present, more than forty years of work have enabled Lino Tagliapietra to build up a close and almost symbiotic rapport with glass; and that is what makes him, above all things, a master glassmaker. This means that Tagliapietra's works are works *of* glass; the fact that they are made of glass is fundamental because the specificity, the rules and the values of glass are an intrinsic feature of his own personality. To this it should be added that he is a Murano-bred master glassmaker. His bond with glass therefore bears the clear hallmarks of the Murano tradition in its widest sense, for he draws not only upon its techniques but also on its stylistic and typological tradition.

In order to understand Lino Tagliapietra's works, one must bear in mind the millions of vases, glasses, bottles and plates which preceded him during the course of ten centuries of Venetian glassmaking; infinite though the range of shapes and colours may have been, they were basically functional objects. Tagliapietra takes this tradition as his starting point; in a lifetime of daily work as a master glassmaker he has absorbed it and infused it with his personal artistic traits. He has set a fine example, albeit one that has rarely been followed. A long technical apprenticeship, during which time he gradually internalised a cultural universe, enabled Tagliapietra initially to excel in making objects designed by others and later to work with increasing independence, his creative inspiration all the easier to express because he was free of technical obstacles.

Like a number of other great master glassmakers, for many years Lino Tagliapietra was obliged to execute other artists' designs, yet to each piece he invariably added something that would have been beyond the capabilities of another glassmaker. In this respect, the years he spent at La Murrina glass factory (1968-1976) were crucial to his personal growth. Far from stifling his personality, the talented designers with whom he worked encouraged him to such an extent that he eventually acquired full creative autonomy. It was at the start of this period that Tagliapietra produced his first "Saturn", an extremely light, spherical vase, the central part of which is encompassed by a band running parallel to the base (no mean technical feat!). In subsequent years he has frequently altered the colours and materials used in the vase, and by now the design has virtually become his personal emblem.

In 1976 Tagliapietra became director of the Ferro brothers' company, Effetre International, where he was free to develop his artistic research. It was an exciting time in which, besides carrying out his everyday work – producing limited ranges of glass directly for the market – Tagliapietra conducted the experiments which led to an extensive series of prototypes (now eagerly sought after by collectors).

Released from the commercial constraints inherent in functional glassware, Tagliapietra was now able to express the inner wealth accrued during the long years he had spent labouring in the scorching heat of the furnace. In a burst of creative energy, he not only experimented with new colours and shapes, but with different types of glass. As if by magic, fresh life was breathed into traditional Murano techniques – filigrees and intarsia work, *murrine* (mosaic glass) and *incalmo* (a manual "welding" technique), colour combinations and overlays.

The independence he enjoyed at Effetre enabled Tagliapietra to seize the opportunities that arose during this period, such as the chance to work with the Venetian designer Marina Angelin. But it was from three sessions (1976, 1978 and 1981) at the Scuola Internazionale del Vetro, an original project organised on Murano, that Tagliapietra harvested the richest fruits. The object of the scheme was to stimulate new creative glass concepts by allowing master glassmakers to work on an even footing with artists accustomed to other media. This not only brought Tagliapietra into contact with a mixed group of artists, but also enabled him to create works falling far outside the standard glassmaking repertoire: Baracco's cones and spirals, Spacal's stones and Margonari's egg. His meeting with Andreis Copier in 1981 proved especially rewarding and significant; realising that Tagliapietra was the ideal person to translate his concepts into glass, the "grand old man" of Dutch design returned to Murano on several occasions to work with the glassmaker on a series of new pieces that are among his finest achievements. It was during this period that Tagliapietra began his travels. In 1979 he

1966

visited the United States for the first time when Dale Chihuly, with whom he had already worked, invited him to Pilchuck Glass School in Seattle, Washington. Besides returning to Pilchuck on many occasions, he has taught glassmaking in other parts of the US and in Europe, Japan and New Zealand. At the same time, he has accepted leading glass artists' requests to bring substance to their designs, ensuing in a fruitful and mutually enriching exchange of ideas.

Tagliapietra gained immediate international recognition: his works are exhibited not only in the Murano Glass Museum but in the world's greatest museums. There is mounting competition among galleries and collectors to acquire his pieces.

Tagliapietra is conscious, as few other Murano artists are, that art glass has an international dimension and that the Murano tradition must awake to the new competition emerging in Europe, America and Japan. And he is on the scene everywhere, a latter-day nomad in the mould of the *fornaci di foresta*, itinerant glassmakers who in centuries past took their kilns wherever their work was in demand and where there was sufficient timber to build fires and water to douse the leaping flames.

What stands out in Tagliapietra's work is not so much his love for glass – a sentiment which can sometimes bridle originality – but his deep respect for his chosen medium, from which he strives for perfection time and time again. Every one of his pieces is a tribute – almost a monument of thanks – to glass, and that is where he diverges so radically from current art trends, which seek, albeit symbolically, to denigrate the artist's medium to the point of brutalism. The concept of art inherent in Tagliapietra's work is perhaps best expressed as a quest for harmony, even when contrasts in light and form interweave in conflicting and complementary plays of colour and volume. Allied to his classical perception are the technical values which he has completely assimilated and by which he allows himself to be guided. "Sometimes my ideas spring from the glass itself," declares Tagliapietra, who rarely uses preliminary sketches, preferring to develop a design inside his head, to let it emerge gradually as he prepares his materials, and then to follow his instinct as the character of the glass slowly makes itself known. The forms he sculpts are invariably harmonious, as is the glass itself, free of harsh jagged edges or sharp corners and sweeping into gently curved lines.

At heart, Lino Tagliapietra is still a Murano glassmaker. This is something he has never forgotten, even if he is acknowledged to be one of the world's foremost glass artists. On the contrary, it is fair to say that, just as he has heaped honour upon Murano in the world of contemporary art, he (and here he is not alone) has also brought some of the zest and ferment of contemporary art back to Murano.

Tagliapietra absorbs and metabolises the stimuli produced by each new experience, adding them to the freight of knowledge he has already accumulated to ensure a source of fresh, original ideas. The glass he made among the Swedish birches is intrinsically unlike the pieces he crafted in the forests of New Zealand; the Mexican sun and the fascinating culture of Japan conveyed very different messages; the verve and dynamism of the Americans did not affect him in the same way as did the waves dashing against the port of Marseilles. Tagliapietra has an insatiable appetite for all that is new, whether it be a person, a place or a thing. From each new experience he extracts a positive and enriching thread that is ultimately woven into his works.

At the end of each journey,

1967

Lino returns to Murano. He comes home, to the fount of his culture and craftsmanship. And to Murano, from which has received so much, he has something to give in return. For Tagliapietra continues determinedly to be a Murano glassmaker and, while his works are now made in every corner of the globe, they will always be Murano glass and, as such, reflect Murano's glory. What Lino Tagliapietra brings to Murano is not only fame but a glassmaking culture. He acts, as very few others do, both as Murano's ambassador in the outside world and as world ambassador in Murano which, now as never before, must gather its strength and pride in its past and steel itself to face the challenges that have risen in Europe, America, Asia and even in Oceania.

Lino has accepted, and won, this challenge – for himself and for Murano. One can only hope that many others will join him, as some have already done, in renewing a still glorious tradition.

SELECTED BIBLIOGRAPHY

1977
Scuola internazionale del vetro. Primo corso per artisti, Venice.
1979
Scuola internazionale del vetro. Secondo corso per artisti, Venice.
1981
Vetri Murano Oggi, Milan.
1982
Mille anni di arte del vetro a Venezia, Venice.
1983
Scuola internazionale del vetro. Terzo corso per artisti, Venice.
1986
Il vetro contemporaneo, Venice.
Murano, il vetro, la sua gente, Venice.
1987
Vetri del 900. Doni al museo vetrario 1950-1987, Venice.
1988
Uit het licht van de lagune, Rotterdam.
1989
W. Warmus (ed.), *The Venetians. Modern Glass 1919-1990*, New York.
Il giornale dell'arte (Oct., no. 71).
Glass Work (Oct., no. 3).
1990
Glass (no. 39).
R. Maijer, *Lino Tagliapietra: Schatbewaarde van de Venetiaanse traditie*, Leiden.
NZ Herald (27th Feb.).
1991
G. Cappa, *L'Europe de l'art verrier. 1850-1990*, Lièges.
Domina (no. 35).
World Glass Now, Sapporo.
1992
R. Barovier Mentasti, *Lino Tagliapietra*, Tokyo.
Pilchuck Works, Seattle.

1969

1964

LINO TAGLIAPIETRA: L'HARMONIE DU VERRE

La transformation radicale ayant affecté au vingtième siècle l'univers de l'art dans son ensemble a par la suite renversé, entre autre, toutes les règles s'appliquant non seulement aux canons de l'expression, mais aussi à l'utilisation des matériaux, pour arriver, aujourd'hui, à une conception suivant laquelle la réinterprétation même d'un objet banal déjà construit est présentée comme une expression artistique. Pour bien des gens, le verre, lui aussi, n'est donc plus le matériau distinguant l'ancien art du verre, mais devient l'équivalent du fer, du papier brûlé ou de la toile de jute salie, et l'artiste l'utilise indifféremment à côté ou en remplacement d'autre matériaux. Il ne s'agit pas ici de réfléchir sur la nature et sur le sens de l'art contemporain; ce bref rappel entend simplement aider à comprendre la double direction dans laquelle évolue actuellement l'art dans le domaine du verre. D'un côté, en effet, on pourrait dire qu'il s'agit de la modernisation de l'ancienne tradition du verre qui, bien conscient de son origine d'"art appliqué", donne aux objets qui lui sont propres modernité et valeurs esthétiques; de l'autre l'utilisation du verre (seul ou combiné avec d'autres éléments) devient de plus en plus importante chez des artistes n'ayant aucun lien spécifique avec la tradition du travail du verre: choisissant le verre parce qu'il répond mieux à leurs exigences, ils ne l'utilisent qu'en fonction de ces dernières. L'on pourrait maintenant se demander si l'œuvre d'art en verre possède une spécificité propre; c'est-à-dire si le fait qu'elle soit de verre est un accident dans l'exécution, ou s'il s'agit au contraire d'une partie essentielle de sa substance. Cette question a ici son importance, car l'œuvre de Lino Tagliapietra illustre d'un côté de façon

exemplaire la bipolarité complexe de l'art contemporain du verre, et de l'autre, fournit une réponse, convaincante même si elle n'est pas exclusive, à cette interrogation fondamentale. Il n'est pas facile de trouver une solution. On pourrait même se demander pourquoi le verre devrait conserver cette spécificité d'expression, désormais niée (même si ce n'est pas de façon unanime) aux autres matériaux. Le marbre, le bronze, le bois ont eux aussi leur spécificité. Quelle est aujourd'hui l'importance, dans une œuvre d'art, de la qualité de la matière au moyen de laquelle s'exprime l'artiste? C'est une interrogation fascinante, à laquelle l'art d'aujourd'hui ne veut pas donner de réponse définitive car, de façon ambiguë, il est à la recherche continuelle d'une solution qu'en réalité, il ne veut pas atteindre. L'art de verre semble cependant vouloir échapper à ce dilemme en le résolvant de façon positive. Ceci est vrai, en tout cas, lorsque, dans la réalisation de l'œuvre, un rôle central est confié au maître-verrier (qu'il collabore avec l'artiste, ou qu'il s'agisse de l'artiste en personne). Le verrier, maître du verre, conserve toujours la dimension essentielle de l'artisan connaissant les secrets de sa matière et sachant ce qu'il peut en obtenir de mieux; le verrier, en outre, aime et respecte la matière qu'il travaille, et veut en tirer non seulement quelque chose de "beau", mais encore quelque chose qui soit digne d'être fait en verre: une chose pour laquelle le fait d'être en verre soit essentiel et qui exalte en même temps les caractéristiques de la matière la composant. Renoncer au verre en tant que verre et ne l'utiliser qu'en tant que matière apparaîtrait donc comme une dissipation inutile (et, selon certains, comme une véritable désacralisation) assumant le sens d'une tentative tout aussi banale que stérile. Lino Tagliapietra fait de l'art avec le verre et

1969

son art ne pourrait être que de verre. La spécificité de sa production artistique réside dans la capacité qu'il a de réunir en lui, pour ainsi dire, les deux directions caractérisant aujourd'hui l'art du verre: car il est un maître verrier faisant de l'art avec le verre. L'essence de son œuvre a ses racines dans son histoire personnelle, qui commence dans les verreries de Murano, où il entre jeune garçon et où il construit, peu à peu, sa personnalité, ses références culturelles, ses valeurs, son monde. La verrerie n'est pas un collège pour fils à papa: c'est un lieu de travail dur et sévère, où règnent la fatigue et le labeur. L'on comprend donc facilement que pour beaucoup (la majeure partie), elle ne représente qu'un lieu de travail inévitable – et mal aimé. Mais la verrerie est également un lieu fascinant où le sable blanc devient d'abord un feu fluide, puis la forme colorée de mille et mille objets; dans ce lieu, l'homme peut se sentir proche de la divinité, dans une œuvre magique de transformation et de création continue. La verrerie choisit quelques hommes courageux et pleins de volonté et leur permet de découvrir ses mystères et d'en goûter le charme. Lino Tagliapietra, comme tous les grands maîtres-verriers de Murano d'hier et d'aujourd'hui, a mérité, avec plus de quarante ans de travail, le privilège d'établir avec le verre un rapport tellement profond qu'il en est devenu naturel; et c'est cela qui justement fait de lui, avant tout, un maître-verrier. Ce qui signifie que les œuvres de Tagliapietra sont des œuvres de verre, où le fait d'être de verre est essentiel, car la spécificité, les règles et les valeurs du verre sont une composante intime de sa personnalité. Mais il faut encore ajouter que c'est un maître-verrier de Murano: son lien avec le verre est donc intimement caractérisé par la tradition de Murano, c'est-à-dire par ses techniques, mais aussi par la

tradition de ses formes et de ses typologies. Pour comprendre les œuvres de Lino Tagliapietra, on ne peut donc pas oublier qu'il a derrière lui des millions de vases, de verres, bouteilles, plats, objets qui, durant les dix siècles de l'histoire du verre de Murano, ont eu des formes et des couleurs infinies, mais qui, substantiellement, étaient des objets destinés à l'usage courant. Il part de cette tradition, qu'il a incarnée durant une vie de travail dans la verrerie, dans les gestes quotidiens du maître-verrier; et sur cette tradition, il a greffé sa dimension artistique. Son cheminement est exemplaire, même s'il est rarement suivi. Un très long apprentissage technique allant de pair avec l'intériorisation progressive d'un univers culturel le porte tout d'abord à une grande maîtrise dans l'exécution d'objets pensés par d'autres, puis à développer une autonomie croissante dans sa production, où l'inspiration artistique peut facilement s'exprimer, car elle est dépourvue de toute contrainte. Comme cela s'est passé pour d'autres grands maîtres-verriers, Lino Tagliapietra a dû pendant des années donner forme aux idées des autres, ajoutant cependant à chaque "pièce" quelque chose qui aurait échappé à un autre maître-verrier. Dans sa formation, les années passées dans la verrerie "La Murrina" (1968-1976) ont été à cet égard fondamentales, car la présence de designers de choix, loin d'écraser sa personnalité, a joué un rôle positif, l'incitant et le stimulant au point de le porter finalement à une complète autonomie dans la création. C'est au début de cette période qu'il crée le premier Saturno, un vase très léger sphérique qui, dans sa partie centrale, est entouré d'une bande parallèle au plan d'appui (une prouesse technique!) qui, dans les années suivantes, subira de nombreuses transformations

dans les couleurs et la matière, au point de devenir en quelque sorte l'emblème distinctif de l'artiste. A la verrerie "EffeTre International" des frères Ferro, où il arrive en 1976 en tant que directeur, Tagliapietra développe en toute liberté sa recherche artistique: c'est une période d'enthousiasme où, à côté de la production quotidienne de séries limitées directement destinées au marché, l'artiste expérimente sans cesse une longue série de prototypes (qu'aujourd'hui les collectionneurs recherchent avidement). C'est une explosion de créativité qui, libérée des obligations de marché des objets d'usage courant, lui permet d'exprimer le trésor qu'il avait accumulé durant tant d'années de travail continu devant le feu du four. Couleurs et formes nouvelles, mais aussi nouvelles matières de verre, qu'il crée dans un processus de revitalisation des techniques traditionnelles: filigranes et incrustations, "murrine" et greffes, superpositions et combinaisons chromatiques revivent comme par magie. La nouvelle position d'autonomie acquise au sein de la verrerie lui permet également de saisir certaines occasions se présentant durant ces années parmi lesquelles il convient de rappeler la collaboration avec le designer vénitien Marina Angelin. Mais l'événement le plus riche en conséquences positives est sa participation aux trois sessions de la Scuola Internazionale del Vetro (1976, 1978, 1981), une initiative originale de Murano qui entendait mettre sur le même plan maîtres-verriers et artistes travaillant d'autres matières, pour donner naissance à de nouvelles expressions artistiques en verre. A cette occasion, Tagliapietra a la possibilité d'établir un contact personnel avec un groupe d'artistes internationaux très diversifiés, et aussi de se confronter à la réalisation d'objets en verre tout à fait différents de la production habituelle: les

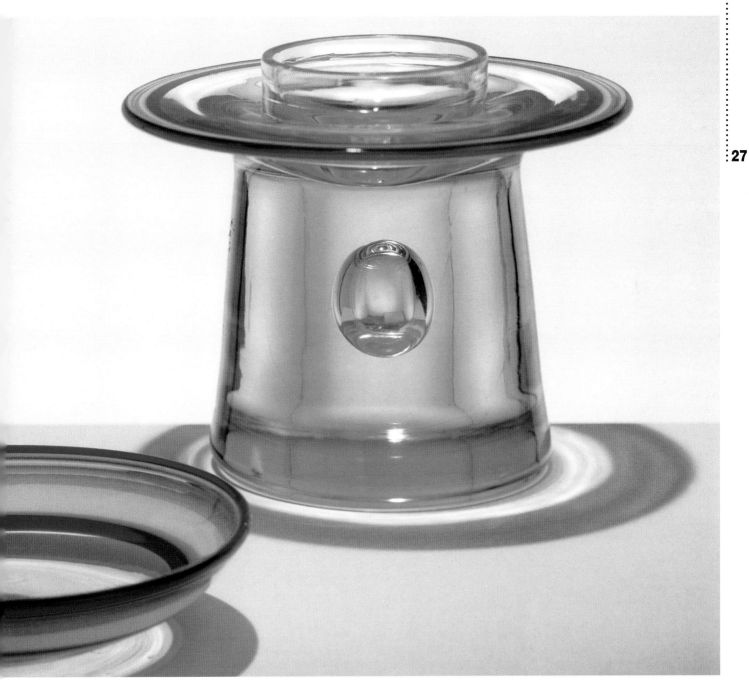

cônes et les spirales de Baracco, les galets de Spacal, l'œuf de Margonari. La rencontre avec Andreis Copier, en 1981, fut particulièrement importante et fructueuse: Copier trouve en Tagliapietra l'interprète idéal de ses dessins, si bien que le "grand vieillard" hollandais revint plusieurs fois à Murano pour réaliser avec Tagliapietra une série d'œuvres nouvelles, parmi les plus belles de sa production. C'est à cette époque que Tagliapietra commence à voyager dans le monde: en 1979, il va pour la première fois aux Etats-Unis, à la Pilchuck Glass School de Seattle (WA), invité par Dale Chihuly, avec lequel il avait déjà travaillé. Il y reviendra plusieurs fois, et sera également invité à enseigner l'art du verre en bien d'autres endroits, en Europe, aux Etats-Unis, au Japon et en Nouvelle-Zélande. Parallèlement, il ne refuse pas de collaborer avec les plus grands artistes du verre, donnant forme à leurs dessins dans un rapport d'échange et d'enrichissement réciproque. Son insertion dans le circuit international est immédiat: ses œuvres entrent au Musée du Verre de Murano, mais aussi dans les plus grands musées du monde; galeries et collectionneurs se disputent ses travaux dans un crescendo d'enthousiasme. Tagliapietra a compris, comme quelques rares artistes de Murano, que le monde de l'art du verre a une dimension internationale, et que la tradition de Murano doit s'ouvrir à une compétition nouvelle se déroulant en Europe, en Amérique et au Japon. Il est présent partout, nouveau nomade semblable aux verriers des "fours de forêts" qui, dans les siècles passés, transportaient leurs fours là où leur travail était requis, et là où le bois et l'eau permettaient d'allumer et de maîtriser le grand feu du verrier. Ce qui caractérise l'œuvre de Tagliapietra, ce n'est pas tant l'amour pour le verre, qui parfois donne lieu à des comportements d'une

grande banalité, mais son profond respect pour cette matière dont, à chaque fois, il essaie de tirer le meilleur; chacune de ses œuvre est un hommage – une sorte de monument de reconnaissance – au verre; dans ce sens, il se différencie radicalement des courants artistiques proposant, même de façon symbolique, la dégradation de la matière utilisée, allant jusqu'à la brutaliser. Pour exprimer au mieux l'idée d'art existant dans les œuvres de Tagliapietra, l'on pourrait parler d'une recherche de l'harmonie, même lorsque les contrastes de lumières et de formes se mêlent dans des oppositions et des complémentarités chromatiques et de volumes. Sa sensibilité classique se combine avec l'intériorisation complète des valeurs techniques, et se laisse guider par ces dernières: "c'est le verre qui parfois me donne l'idée", dit Tagliapietra, qui se sert rarement d'un dessin préalable, car il préfère accumuler en lui le projet artistique, le développer graduellement dans la préparation du matériau nécessaire, puis suivre l'onde de sa sensibilité au fil de l'esprit du verre, qui progressivement se manifeste en lui. Ses formes sont toujours harmonieuses, comme le verre qui ne se solidifie jamais dans les aspérités de la pointe effilée ou de l'angle vif, mais qui décrit spontanément la suavité de la ligne courbe. Lino Tagliapietra était et continue à être un maître-verrier de Murano. S'il est aujourd'hui reconnu comme l'un des plus grands artistes du verre, il n'en a pas pour autant oublié cette caractéristique essentielle. C'est plutôt le contraire qui est vrai, car l'on peut dire que, de même qu'il honore le nom de Murano dans le monde artistique d'aujourd'hui, il a également porté à Murano (et il n'est pas le seul) le ferment de l'art contemporain. Tagliapietra absorbe les impulsions lui

1969

venant de chaque expérience nouvelle et les fait siennes, les intégrant dans le patrimoine culturel déjà accumulé: ainsi, il parvient à trouver de nouveaux modes d'expression originaux. Les objets réalisés sous les bouleaux de la Suède ont des caractéristiques différentes ce ceux qu'il a conçus dans les forêts de la Nouvelle-Zélande; le soleil du Mexique ne lui a pas donné les mêmes messages que la fascinante culture japonaise; le dynamisme impétueux des Américains ne l'a pas ébranlé de la même façon que les vagues du port de Marseille. Tagliapietra possède une disponibilité insatiable à l'égard de la nouveauté, qu'elle prenne la forme d'une personne, d'un lieu ou d'une chose. Il saisit partout un aspect positif, dont il réussit à s'enrichir et qu'à la fin, il exprime dans ses œuvres. Et puis, après chaque voyage, Lino revient à Murano. Il revient chez lui, à la source de sa culture et de sa maestria. Et à Murano, dont il a tant reçu, il rend également. Car Tagliapietra continue avec obstination à être un maître-verrier de Murano et ses œuvres, même si elles naissent aux quatre coins du monde, sont toujours du verre de Murano et donc aussi gloire de Murano. Lino Tagliapietra ne se limite pas à contribuer au renom de Murano, il lui donne aussi une certaine culture du verre. De même que quelques autres, il est en même temps l'ambassadeur de Murano dans le monde, mais aussi celui du monde à Murano qui, aujourd'hui plus que jamais, a besoin de se confronter, avec la force et l'orgueil du passé, au défi lancé par tant d'artistes en Europe, en Amérique, en Asie et en Océanie. Lino Tagliapietra a accepté ce défi et l'a gagné: pour lui-même et pour Murano. Il ne reste plus à espérer que beaucoup d'autres artistes, comme certains le font déjà, fassent de même pour faire revivre une tradition toujours glorieuse.

BIBLIOGRAPHIE ESSENTIELLE

1977
Scuola internazionale del vetro. Primo corso per artisti, Venise.
1979
Scuola internazionale del vetro. Secondo corso per artisti, Venise.
1981
Vetri Murano Oggi, Milan.
1982
Mille anni di arte del vetro a Venezia, Venise.
1983
Scuola internazionale del vetro. Terzo corso per artisti, Venise.
1986
Il vetro contemporaneo, Venise.
Murano, il vetro, la sua gente, Venise.
1987
Vetri del 900. Doni al museo vetrario 1950-1987, Venise.
1988
Uit het licht van de lagune, Rotterdam.
1989
W. Warmus (sous la dir. de), The Venetians. Modern Glass 1919-1990, New York.
Il giornale dell'arte (Oct., n°. 71).
Glass Work (Oct., n°. 3).
1990
Glass (n°. 39).
R. Maijer, Lino Tagliapietra: Schatbewaarde van de Venetiaanse traditie, Leiden.
NZ Herald (27 Févr.).
1991
G. Cappa, L'Europe de l'art verrier. 1850-1990, Liège.
Domina (n°. 35).
World Glass Now, Sapporo.
1992
R. Barovier Mentasti, Lino Tagliapietra, Tokyo.
Pilchuck Works, Seattle.

Lino Tagliapietra e Andreis Copier.

Lino Tagliapietra and Andreis Copier.

Lino Tagliapietra et Andreis Copier.

Lino Tagliapietra und Andreis Copier.

LINO TAGLIAPIETRA: DIE HARMONIE VON GLAS

Durch den radikalen Wandel, den im zwanzigsten Jahrhundert das gesamte Universum der Kunst erfahren hat, wurden nicht nur alle überlieferten Regeln des ästhetischen Ausdrucks, sondern auch im Gebrauch des Materials umgestoßen, was so weit führte, daß heute schon die Neuinterpretierung eines bereits gestalteten und banalen Gegenstands als künstlerischer Ausdruck präsentiert wird. Nicht unberührt von dieser Entwicklung blieb auch das Glas. Es ist heute für viele nicht mehr ausschließlich die Materie der herkömmlichen Glaskunst, sondern wird mit Eisen, angebranntem Papier oder schmutzigem Sackleinen auf eine Ebene gestellt und von Künstlern ohne Unterschied als Ersatz oder zusammen mit den verschiedensten Werkstoffen eingesetzt.

An dieser Stelle soll aber keine Untersuchung über die Natur und Bedeutung zeitgenössischer Kunst durchgeführt werden. Diese kurze Überlegung will lediglich zum Verständnis der Doppelgleisigkeit beitragen, auf der sich ganz allgemein die Glaskunst bewegt. Auf der einen Seite verfolgt sie eine Spur, die als Modernisierung der alten Glastradition definiert werden könnte; ohne ihren Ursprung als "angewandte Kunst" aus den Augen zu verlieren, überträgt sie den ihr wesenseigenen Objekten Modernität und neue ästhetische Werte. Auf der anderen Seite, und obwohl ihnen eine direkte Beziehung zur Glasmachertradition fehlt, wenden sich immer mehr Künstler dem Glas zu (allein oder in Verbindung mit anderen Stoffen); sie benutzen Glas nur deshalb, weil es ihrem künstlerischen Anliegen besser entgegenkommt und setzen es nur in dieser Funktion ein. Die Frage, die sich hier stellt, ist die, ob es eine Spezifität des Kunstobjekts in Glas überhaupt gibt; ob sein "Glas sein" ein Zufall der Ausführung, oder ob es ein wesentlicher Bestandteil seiner Substanz ist. In dem Kontext, mit dem wir uns auseinandersetzen, ist diese Frage nicht unrelevant, denn einerseits stehen die Arbeiten Lino Tagliapietras beispielhaft für die komplexe Bipolarität der heutigen Glaskunst, und andererseits geben sie uns eine überzeugende, wenn auch keine alleingültige Antwort auf diese wichtige Frage.

Eine Lösung zu finden ist nicht einfach. Man könnte sich nämlich auch fragen, warum Glas eigentlich jene expressive Eigenheit bewahren soll, die heute (wenn auch nicht einstimmig) anderen Stoffen verwehrt wird. Auch Marmor, Bronze oder Holz haben ihre besonderen, unverwechselbaren Merkmale. Welche Bedeutung hat heutzutage bei einem Kunstwerk die Qualität des Werkstoffs, mit dem sich der Künstler ausdrückt? Eine faszinierende Frage, auf welche die heutige Kunst eine endgültige Antwort verweigert, da sie unablässig in eine etwas zweideutige Suche nach einer Lösung verstrickt ist, die sie im Grunde gar nicht anstrebt. Wie es scheint, versucht die Glaskunst sich diesem Dilemma zu entziehen, indem sie es auf positive Weise löst. Das trifft zumindest dann zu, wenn dem Glasmacher bei der Realisierung eines Gegenstands eine zentrale Rolle zugesprochen wird (ob dieser nun mit dem Künstler zusammenarbeitet oder er selber der Künstler ist). Der Glasmeister bewahrt immer die unentbehrliche Dimension des Handwerkers, der die Geheimnisse seiner Materie kennt und weiß, was er aus ihr herausholen kann; darüberhinaus liebt und respektiert er die Materie, mit der er sich abmüht, und aus der er nicht nur etwas "Schönes" herausholen will, sondern auch etwas, das es wert ist, aus Glas gemacht zu sein. Kurz etwas, wofür das

1970

1977

"aus Glas sein" wesentlich ist und das zugleich seine Eigenschaften unterstreicht. Folgerichtig müßte der Verzicht auf Glas als Glas und seine Verwendung als x-beliebiges Material als unnötige Verschwendung (für manche eine regelrechte Entweihung) betrachtet werden und hätte die Bedeutung eines sowohl banalen als auch sterilen Versuchs.

Lino Tagliapietra macht Kunst mit Glas und seine Kunst könnte aus keinem anderen Stoff als aus Glas sein. Die Besonderheit seines Kunstschaffens liegt in der Fähigkeit, sozusagen die zwei Gleise in sich zu vereinen, auf denen die Glaskunst sich heute bewegt: denn er ist ein Glasmacher, der mit Glas Kunst macht.

Das Wesen seiner Arbeit ist in seiner persönlichen Geschichte zu suchen. Sie beginnt in den Muraneser Glasmanufakturen, die er schon als Junge betritt, und in denen er seine Persönlichkeit, seine kulturellen Bezugspunkte, seine Wertvorstellungen und seine Welt nach und nach formt und erarbeitet. Die Glashütte ist kein Internat für Herrensöhnchen: sie ist ein Ort, an dem hart und fleißig gearbeitet wird, an dem Mühe und Schweiß das Sagen haben. Verständlich also, daß sie für viele (die meisten) nur der unvermeidliche – und ungeliebte – Arbeitsplatz ist. Die Glashütte ist aber auch ein faszinierender Ort, an dem weißer Sand in flüssiges Feuer und hernach in vielfarbige Formen, in tausenderlei Gegenstände verwandelt wird. Sie ist der Ort, an dem ein Mensch bei seiner Hände Werk magischer Verwandlung und unaufhörlicher Schöpfung sich dem Göttlichen nahe fühlt. Der Glasofen macht wenige Mutige und Willige zu seinen Auserwählten, läßt sie seine Geheimnisse entdecken und seine Zauber kosten.

Wie alle großen Glasmacher, die Murano gehabt hat und noch hat, genießt Lino Tagliapietra nach vierzig Jahren Arbeit das Privileg, eine so tiefe Beziehung mit dem Glas eingegangen zu sein, daß sie natürlich geworden ist; diese Tatsache macht aus ihm in erster Linie einen Glasmacher, das heißt, die Arbeiten Tagliapietras sind Glaskreationen, bei denen die Materie Glas wesentlich ist, weil deren Spezifität, Regeln und Werte Bestandteil seiner Persönlichkeit sind.

Gleichzeitig muß an dieser Stelle hinzugefügt werden, daß er ein Muraneser Glasmacher ist. Seine Verflechtung mit Glas ist zutiefst von der Muraneser Tradition, also nicht nur von ihren glastechnischen, sondern auch formalen und typologischen Aspekten geprägt.

Will man die Werke Lino Tagliapietras verstehen, darf nicht vergessen werden, daß Millionen Vasen, Gläser, Flaschen und Teller hinter ihm stehen, die im Lauf der tausendjährigen venezianischen Glasgeschichte unendlich viele Formen und Farben angenommen haben, und die im wesentlichen Gebrauchsgegenstände waren und sind. Diese durch fünfunddreißig Jahre Glasbläseralltag in der Glashütte in ihm verkörperte Tradition ist sein Nährboden, und auf diesem ist seine künstlerische Dimension gewachsen. Die seine ist eine beispielhafte und zugleich wenig gefolgte Laufbahn. Eine lange, sehr lange technische Lehrzeit, begleitet von der allmählichen Verinnerlichung eines kulturellen Universums. In einer ersten Phase erwirbt er eine große Geschicklichkeit bei der Ausführung von Gegenständen, die andere entworfen haben; langsam wächst er dann in eine zweite Phase zunehmender, schöpferischer Autonomie hinein, bei der die künstlerische Inspiration, von technischen Fesseln befreit, ein leichtes Ventil findet.

Wie andere große Meister hat auch Lino Tagliapietra jahrelang den Ideen anderer

1979

1977

materiellen Ausdruck gegeben; jedem "Stück" hat er aber etwas hinzugefügt, was einem anderen nicht gelungen wäre. Wesentlich für seine Ausbildung waren die Jahre in der Glashütte "La Murrina" (1968-1976). Die Zusammenarbeit mit erfahrenen Designern hat seine Persönlichkeit nicht unterdrückt, sondern sie im Gegenteil angeregt und ihr den nötigen Ansporn gegeben, was schließlich zu einer eigenen autonomen Kreativität führte. Dort realisiert er in den ersten

Jahren den ersten *Saturno*, eine federleichte, kreisrunde Vase, um deren mittleren Teil ein parallel zur Basis führendes Band läuft (ein technisches Bravourstück!). In den kommenden Jahren erfährt der *Saturno* viele chromatische und materielle Varianten, wird sozusagen das Wahrzeichen des Meisters.

In der Glashütte "EffeTre International" der Gebrüder Ferro, deren technischer Leiter er 1976 wird, führt Tagliapietra seine künstlerischen Recherchen in voller Freiheit weiter: Es ist eine enthusiasmierende Zeit. Neben einer marktorientierten Produktion begrenzter Serien treibt er eine intensive Experimentiertätigkeit voran, aus der eine lange Reihe von Prototypen – nach denen Kunstsammler heute eifrig suchen – hervorgeht. Eine schöpferische, von Wirtschaftszwängen befreite Explosion, die es ihm ermöglicht, dem in vielen Jahren vor dem Feuer des Glasofens gereiften Erfahrungsschatz Ausdruck zu geben. Es sind nicht nur neue Farben und Formen, sondern auch neue Glasmaterien, die in einem Revitalisierungsprozeß der herkömmlichen Techniken unter seinen Händen entstehen: Filigrane und Intarsien, Millefiori und Incalmo, Überfänge und Farbkombinationen erwachen wie durch ein Wunder zu neuem Leben.

Seine neue autonome Stellung, die er in der Glashütte genießt, erlaubt es ihm auch, einige Chancen zu nutzen, die sich ihm in diesen Jahren bieten. Hier ist zum Beispiel die Zusammenarbeit mit der Designerin Marina Angelin zu erwähnen. Die weittragendsten Folgen sollte aber seine Teilnahme an den drei Kursen der *Scuola Internazionale del Vetro* (1976, 1978, 1981) haben, eine originale Muraneser Initiative, die Glasmacher und Künstler, die für gewöhnlich nicht mit Glas arbeiten, als gleichberechtigte Partner zusammenführte mit dem Ziel, neue Modelle aus Glas zu kreieren. Tagliapietra bietet sich die Gelegenheit, nicht nur in engen persönlichen Kontakt mit einer gemischten internationalen Künstlergruppe zu treten, sondern sich an Arbeiten zu wagen, die den Rahmen der üblichen Glasmanifaktur sprengen: Die Kegel und Spiralen Baraccos, die Steine Spacals, das Ei Margonaris. Einschneidend und fruchtbringend war 1981 die Begegnung mit Andreis Copier, der in Tagliapietra den idealen Interpreten seiner Entwürfe findet, was so weit führte, daß der "große alte" Holländer mehrere Male nach Murano kommt, um mit Tagliapietra eine Serie neuer Kreationen entstehen zu lassen, die mit zu seinen schönsten zählen. In diesen Jahren tritt Tagliapietra seine Reise in die Welt an: 1979 ist er zum ersten Mal in den Vereinigten Staaten in der Pilchuck Glass School Seattle (WA), von Dale Chihuly gerufen, mit dem sich bereits eine Zusammenarbeit angebahnt hatte. Seither war er noch viele Male in dieser Schule, und auch in anderen Einrichtungen Europas, Amerikas, Japans und Neuseelands weist er Lernbegierige in die Glasmacherkunst ein. Seine Zusammenarbeit mit anerkannten Glasdesignern intensiviert sich und in einem gegenseitigen, fruchtbaren Austausch, der beide Teile bereichert, gibt er ihren Entwürfen Gestalt.

Die Anerkennung auf internationaler Ebene läßt nicht auf sich warten. Seine Arbeiten finden nicht nur im Glasmuseum Muranos, sondern in den bedeutendsten Museen der Welt Einlaß. Galerien und Sammler reißen sich in einem enthusiasmierenden Crescendo um seine Arbeiten.

Wie wenige Muraneser Künstler hat Tagliapietra gespürt, daß die Welt der Glaskunst eine internationale Dimension hat, und daß die Tradition Muranos sich einem neuen Wettstreit stellen muß, der sowohl in Europa als auch in Amerika und Japan ausgetragen wird. Und er, ein moderner Nomade, ist wie die Glasmacher der "Wanderglashütten", die früher ihre Glasöfen dort aufbauten, wo gerade ihre Arbeit gefragt war, und wo Holz und Wasser dafür sorgten, das große Feuer der Glasmacher zu entzünden und unter Kontrolle zu halten. Kennzeichnend für die Arbeiten Tagliapietras ist nicht so sehr die Liebe zum Glas, die auch zu banalen Ausdrucksformen führen kann, sondern ein tiefer Respekt für diese Materie: Jede Schöpfung ist eine Hommage – sozusagen eine Dankesbezeigung, die er dem Glas zollt, und darin unterscheidet er sich ganz radikal von jenen künstlerischen Strömungen, die, sei es auch nur rein symbolisch, die Degradierung, ja Brutalisierung ist man versucht zu sagen, der verwendeten Materie propagieren. Was vielleicht die den Arbeiten Tagliapietras zugrundeliegende Konzeption von Kunst am besten ausdrückt, ist die Suche nach Harmonie auch dort, wo Licht- und Farbkontraste sich mit opponierenden und komplementären Formen und Volumen verflechten. Sein klassischer Sinn geht Hand in Hand mit der absoluten Verinnerlichung der technischen Werte, und von diesen läßt er sich leiten. "Es ist das Glas, das mir zuweilen eine Idee eingibt", sagt

Lino Tagliapietra e Dan Chihuly (a sinistra).

Lino Tagliapietra and Dan Chihuly (left).

Lino Tagliapietra et Dan Chihuly (gauche).

Lino Tagliapietra und Dan Chihuly (links).

Tagliapietra, der selten eine Skizze macht; er zieht es vor, das künstlerische Projekt in sich reifen, es während der Vorbereitung des erforderlichen Materials nach und nach Gestalt annehmen zu lassen, mit Einfühlungsvermögen und innerer Hellhörigkeit dem Geist des Glases zu folgen, das sich ihm allmählich offenbart. Und wie das Glas selbst, das nie zu einer scharfen Spitze oder harten Kante erstarrt, sondern spontan runde, weiche Linien bildet, sind auch seine Formen immer harmonisch. Lino Tagliapietra ist und bleibt ein Muraneser Glasmacher. Ein wesentliches Merkmal, das er nicht vergessen hat, obwohl er heute zu den größten Glaskünstlern zählt. Im Gegenteil: Denn so wie er dem Namen Muranos auf der heutigen Kunstszene Ehre macht, hat er (und er steht dabei nicht allein) die Gärungen und Hefe der zeitgenössischen Kunst nach Murano gebracht. Tagliapietra nimmt die Impulse, die ihm jede neue Erfahrung bringt, in sich auf, verwandelt und integriert sie im bereits angesammelten Kunsterbe. Das Ergebnis sind immer wieder neue und originelle Ausdrucksweisen. Die unter den Birken Schwedens entstandenen Glasarbeiten haben etwas unverwechselbar anderes als die, die er in den Wäldern Neuseelands realisiert, die mexikanische Sonne gibt ihm nicht dieselbe Botschaft wie die faszinierende japanische Kultur, und das wilde Ungestüm der Amerikaner berührt ihn nicht in gleichem Maße, wie die Wellen des Marseiller Hafens. Tagliapietra besitzt eine unersättliche Bereitschaft für alles Neue, sei es nun eine Person, ein Ort oder ein Gegenstand. Von allen greift er einen positiven Aspekt auf, an dem er sich bereichert, und den er schließlich in irgendeiner Weise in seinen Arbeiten ausdrückt. Nach jeder Reise kehrt Lino nach Murano zurück. Zurück nach Hause, zur

38

Quelle seiner Kultur und seiner Kunstfertigkeit. Und Murano gibt er vielfach zurück, was es ihm gegeben hat. Denn Tagliapietra besteht darauf, ein Muraneser Glasmacher zu bleiben; seine Werke sind immer Glas aus Murano, also auch Ruhm für Murano, obwohl sie in allen vier Himmelsrichtungen unserer Erde entstehen. Was Lino Tagliapietra Murano gibt, ist aber nicht nur Ansehen, sondern auch Glaskultur. Neben wenigen anderen ist er Botschafter Muranos in der Welt und zugleich Botschafter der Welt in Murano, das nie so sehr wie heute, mit der Kraft und dem Stolz der Vergangenheit, die Herausforderung annehmen muß, die ihm viele Menschen in Europa, Amerika, Asien und Ozeanien an es gestellt haben. Lino Tagliapietra hat diese Herausforderung angenommen und hat sie gewonnen. Für sich und für Murano. Bleibt nur die Hoffnung, daß viele andere, wie schon einige, zusammen mit ihm eine noch ruhmreiche Tradition wieder aufleben lassen.

AUSGEWÄHLTE BIBLIOGRAPHIE

1977
Scuola internazionale del vetro. Primo corso per artisti, Venedig.
1979
Scuola internazionale del vetro. Secondo corso per artisti, Venedig.
1981
Vetri Murano Oggi, Mailand.
1982
Mille anni di arte del vetro a Venezia, Venedig.
1983
Scuola internazionale del vetro. Terzo corso per artisti, Venedig.
1986
Il vetro contemporaneo, Venedig.
Murano, il vetro, la sua gente, Venedig.
1987
Vetri del 900. Doni al museo vetrario 1950-1987, Venedig.
1988
Uit het licht van de lagune, Rotterdam.
1989
W. Warmus (Hg.), *The Venetians. Modern Glass 1919-1990*, New York.
Il giornale dell'arte (Okt., Nr. 71).
Glass Work (Okt., Nr. 3).
1990
Glass (Nr. 39).
R. Maijer, *Lino Tagliapietra: Schatbewaarde van de Venetiaanse traditie*, Leiden.
NZ Herald (27. Febr.).
1991
G. Cappa, *L'Europe de l'art verrier. 1850-1990*, Lüttich.
Domina (Nr. 35).
World Glass Now, Sapporo.
1992
R. Barovier Mentasti, *Lino Tagliapietra*, Tokio.
Pilchuck Works, Seattle.

1979

EXHIBITIONS

1982
Rosenthal Galerie, Hamburg

1987
Galérie Alumine, Paris
Saks 5th Avenue, New York

1988
Museum Boymans-van
Beuningen, Rotterdam

1989
Clara Scremini Gallery, Paris
William Trever Gallery, Seattle

40

1990
Bellas Artes Gallery, Santa Fe
Sanske Galerie, Zurich

1991
Togakudo Gallery, Kyoto
West End Gallery, Corning

1992
Seibu Ikebuquro Art Dept.
Store, Tokyo
Seibu Takanawa, Tokyo
William Trever Gallery, Seattle
Cristy Taylor Gallery, Boca
Raton

1993
Portia Gallery, Chicago
Galérie Osiris, Brussels
William Traver Gallery, Seattle
Galérie Différences, Paris

COLLECTIVE EXHIBITIONS

1962, 1964, 1968
Venice Biennale

1977, 1979, 1983
*Scuola internazionale del
vetro*, courses for artists (I, II,
III), Venice

1981
Vetri Murano Oggi, Venice

1982
Mille anni di vetro a Venezia,
Venice

1985
Exhibition to launch the
"Contemporary Glass" section
in the Murano Glass Museum,
Venice

1987
*Vetri del 900. Doni al Museo
vetraio 1950-1987*, Venice

1989
*Sculptures contemporaines
en cristal et en verre
d'Europe*, Lièges
*The Venetians. Modern Glass
1919-1990*, New York

1991
World Glass Now, Hokkaido
Museum of Art, Sapporo

1992
*Grandi Maestri del vetro per
l'Unicef*, Rome

Lino Tagliapietra all'opera.
Lino Tagliapietra at work.
Lino Tagliapietra au travail.
Lino Tagliapietra am Werk.

1

Murano 1981

Vetro soffiato a due corpi
incalmati, il superiore di color
topazio, l'inferiore di cristallo
con reticolo di fili marrone.

Blown glass made of two
sections joined using *incalmo*
technique; the upper part is
topaz-coloured, the lower
section is in crystal with
brown reticulate threading.

Verre soufflé à deux corps
greffés: la partie supérieure
est couleur topaze, la partie
inférieure est en cristal fileté
de marron.

Geblasenes Glas mit zwei
incalmierten Glaskörpern: der
obere goldgelb, der untere
farblos mit braunem
Netzmuster.

2

Tartana
Murano 1981

Vetro soffiato interamente
ricoperto da varie canne di
filigrana nero di china.

Blown glass decorated with
india-ink black filigree canes.

Verre soufflé entièrement
recouvert de tiges de filigrane
noir de chine.

Geblasenes Glas mit
tuscheschwarzen
Filigranstäben.

42

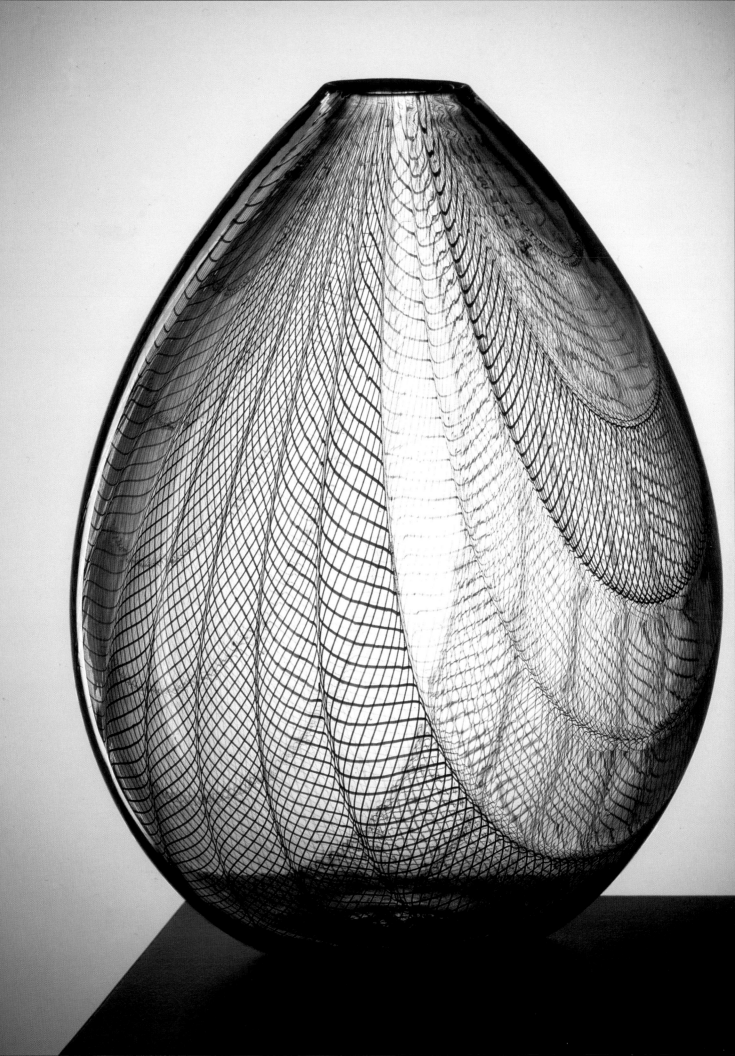

3

Samarcanda
Murano 1981

Vetro soffiato con canne
azzurre e ametista orizzontali
convergenti in due poli
laterali.

Blown glass with sky-blue and
amethyst horizontal canes
meeting at two lateral points.

Verre soufflé avec tiges
bleues et améthyste
horizontales convergeant en
deux pôles latéraux.

44

Geblasenes Glas mit seitlich
zusammenlaufenden,
himmelblauen und
amethystfarbenen Querfäden.

4

Samarcanda
Murano 1981

Vetro soffiato con canne
acquamarina e rosa
convergenti in due poli
laterali.

Blown glass with aquamarine
and pink canes meeting at
two lateral points.

Verre soufflé avec tiges
aigue-marine et rose
convergeant en deux pôles
latéraux.

Geblasenes Glas mit seitlich
zusammenlaufenden,
aquamarinblauen und
rosaroten Stäben.

5

Murano 1981

Vetro soffiato con canne nere
in ampia spirale.

Blown glass with black canes
forming a broad spiral
pattern.

Verre soufflé avec tiges noires
décrivant une grande spirale.

Geblasenes Glas mit
schwarzen Stäben in großem
Spiralmuster.

46

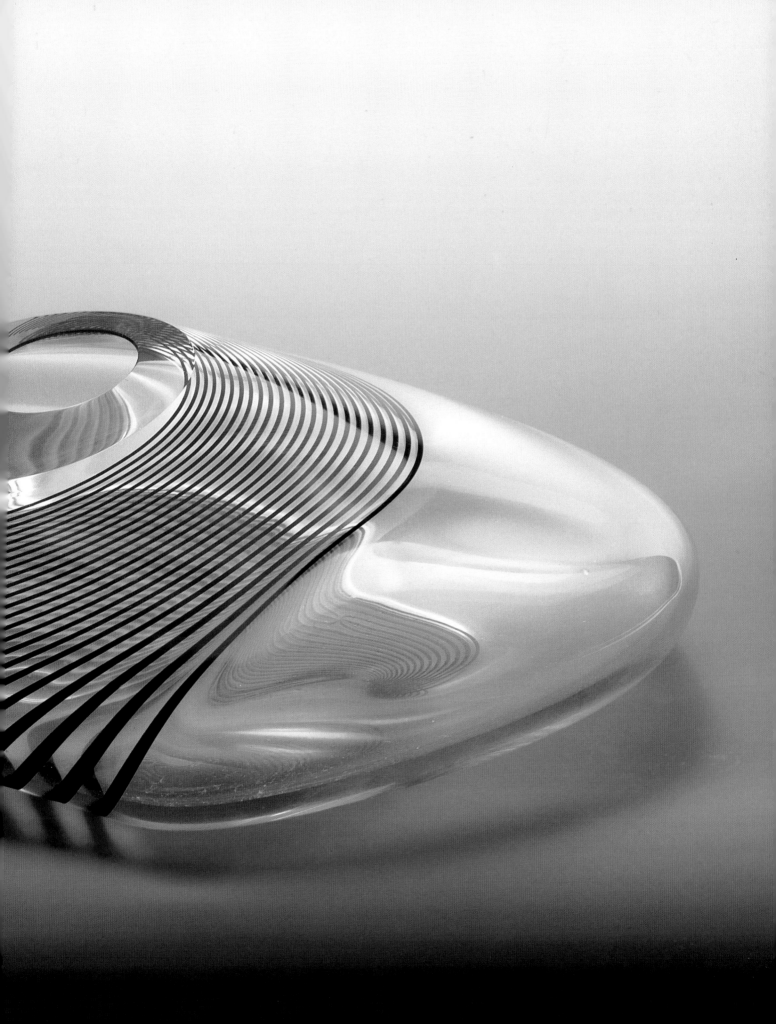

6

Murano 1982

Vetro soffiato con canne
bianche, avorio e marrone,
ritorte e segmentate a caldo.

Blown glass with white, ivory
and brown canes which were
twisted and divided into
segments whilst hot.

Verre soufflé avec tiges
blanches, ivoire et marron,
recourbées et segmentées à
chaud.

48 Geblasenes Glas mit heiß
segmentierten und gedrehten
weißen, elfenbeinfarbenen
und braunen Stäben.

LINO TAGLIAPIETRA

7

MOGAMBO
Murano 1982

Vetro indaco soffiato a corpo
ripiegato con canne terra
d'ombra e fascia laterale
nera.

Indigo-blue blown, folded
glass with umber canes and
black lateral band.

Verre indigo soufflé à corps
replié avec tiges terre
d'ombre et bande latérale
noire.

50

Indigoblaues geblasenes,
gebogenes Glas mit
bergbraunen Fäden und
seitlichem schwarzem
Streifen.

8

Murano 1982

Vetro celeste soffiato a
sezione ovoidale con
semicanne a filo nero e
spirale nera intermittente.

Light blue, ovoid-section
blown glass with black
demi-cane threadwork and
black spiral pattern set at
intervals.

Verre bleu soufflé de section
ovoïdale avec tiges
interrompues de fil noir et
spirale noire intermittente.

Hellblaues geblasenes Glas
mit ovoidalem Querschnitt
und halbierten, schwarzen
Filigranstäben mit Faden- und
Spiralmuster in wechselnder
Folge.

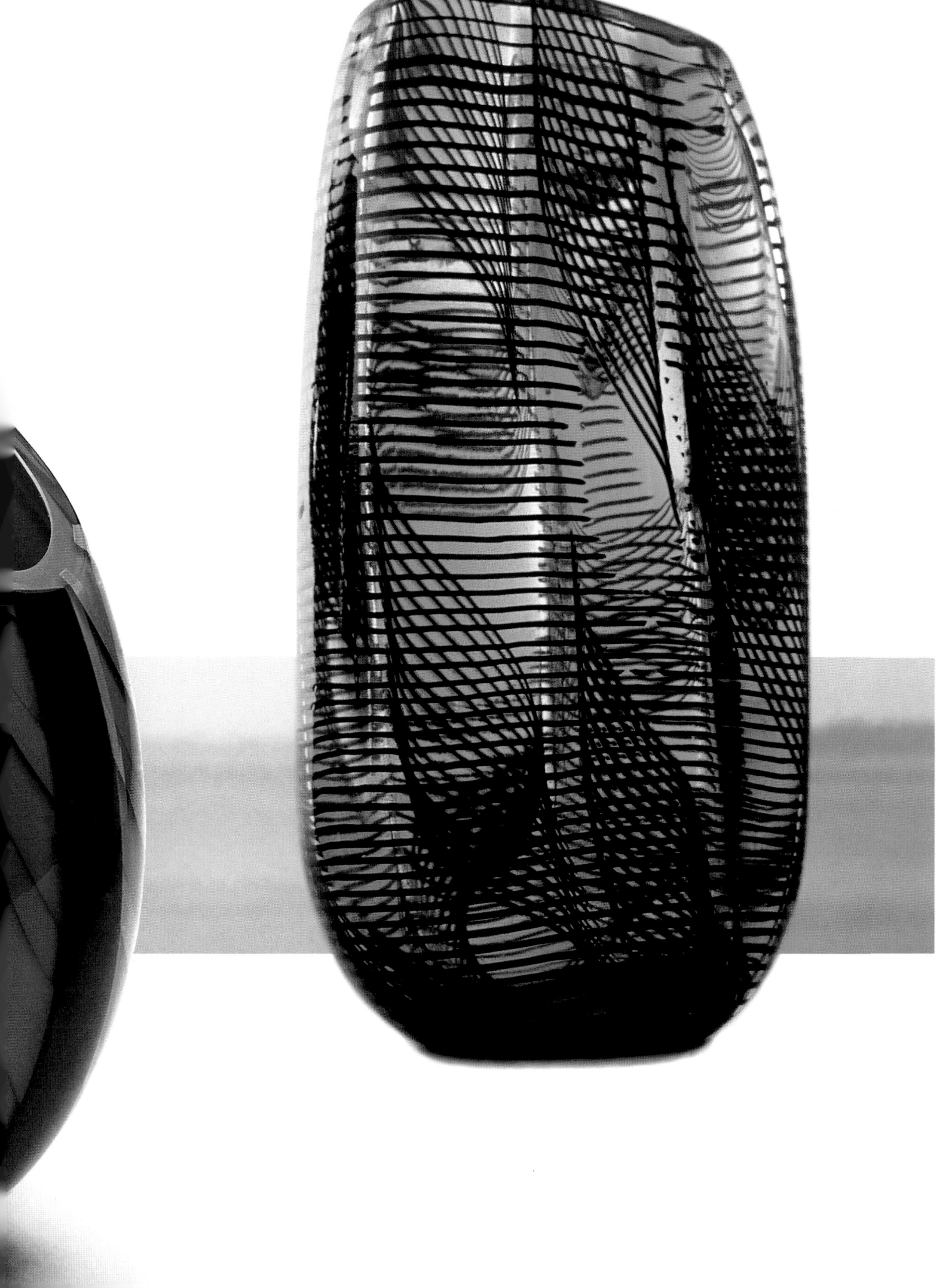

9

MOGAMBO
Murano 1982

Vetro nero soffiato a corpo
ripiegato con canne terra
d'ombra e fascia laterale
indaco.

Black blown glass, folded and
decorated with umber canes
and indigo-blue lateral band.

Verre noir soufflé à corps
replié avec tiges terre
d'ombre et bande latérale
indigo.

52

Schwarzes, geblasenes,
gebogenes Glas mit
bergbraunen Fäden und
indigoblauem, seitlichem
Streifen.

10

Murano 1982

Disco nero con canne ritorte
in rosso, terra di Siena,
azzurro.

Black disk with red, umber
and sky-blue twisted canes.

Disque noir avec tiges
recourbées rouges, terre de
Sienne, bleu.

Schwarze Scheibe mit
gedrehten roten,
bergbraunen und
himmelblauen Stäben.

54

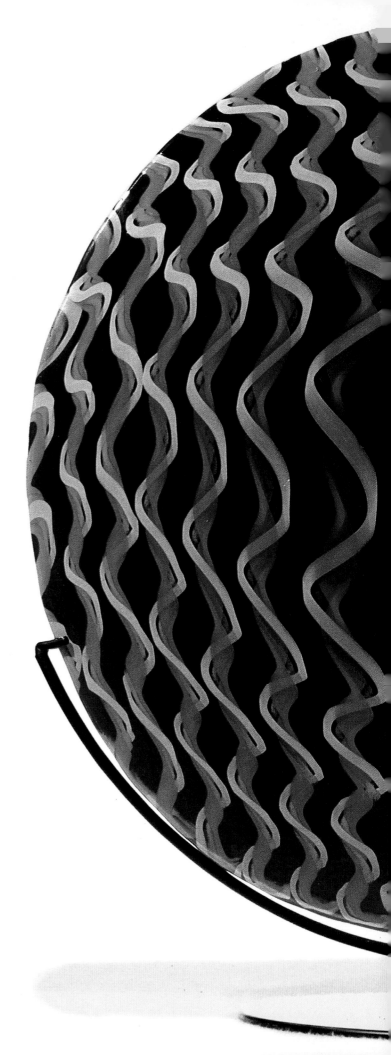

11

TERRA APERTA
Murano 1982

Disco di vetro incolore con tre
spirali di vetro marrone
sovrapposte.

Colourless glass disk with
three superimposed spirals in
brown glass.

Disque de verre incolore avec
trois spirales de verre marron
superposées.

56 Farblose Glasscheibe mit drei
übereinanderliegenden,
braunen Glasspiralen.

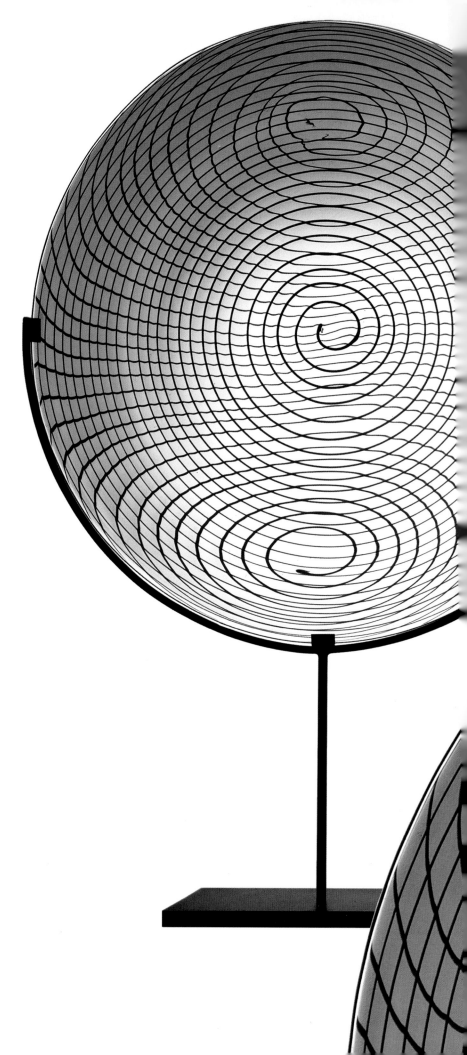

LINO TAGLIAPIETRA

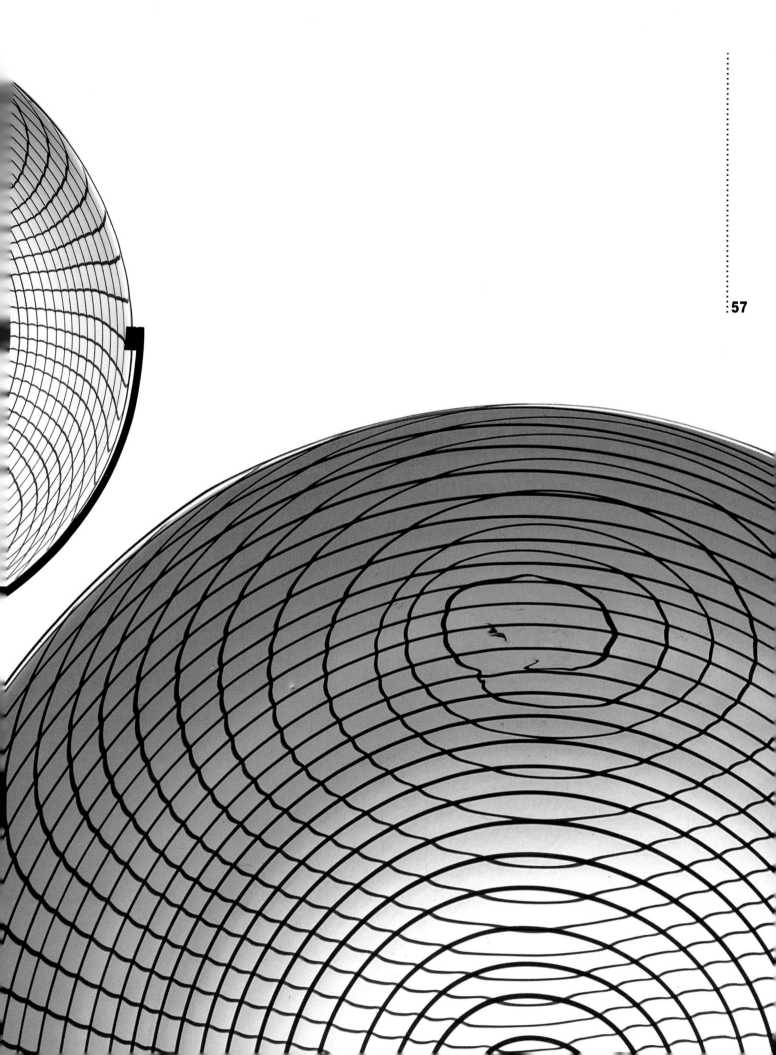

12

IRIDE
Murano 1983

Vetro rubino soffiato, grosso
bordo ripiegato con spirale
interna color zaffiro.

Ruby-red blown glass with
broad rim containing sapphire
spiral.

Verre soufflé rubis, gros bord
recourbé avec spirale
intérieure couleur saphir.

58

Rubinrotes, geblasenes Glas
mit breitem, umgebogenem
Rand mit eingeschlossener
saphirblauer Spirale.

LINO TAGLIAPIETRA

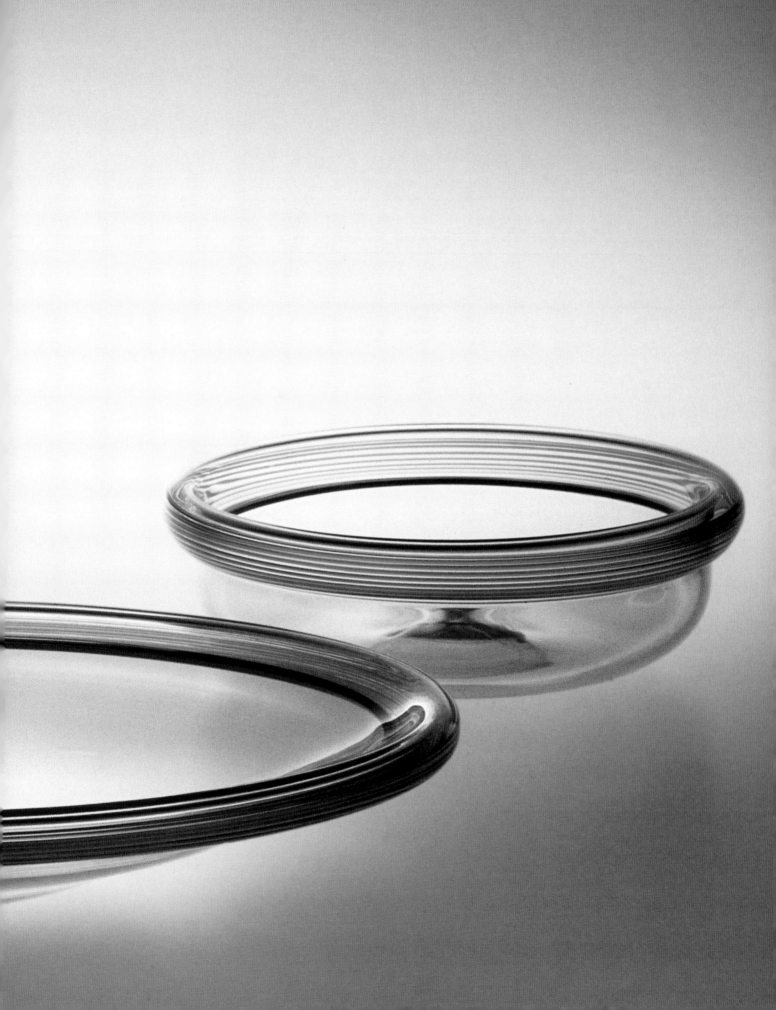

13

Murano 1983

Vetro soffiato con base nera incalmata con vetro giallo e fasce nere.

Blown glass with black base blended into yellow glass and black bands using *incalmo* technique.

Verre soufflé avec base noire greffée, verre jaune et bandes noires.

60
Geblasenes Glas mit "incalmiertem" schwarzem Boden, gelbem Glas und schwarzen Streifen.

14

Murano 1983

Vetro nero soffiato con incalmo e fili gialli in rilievo.

Black, blown glass with *incalmo* and raised yellow threads.

Verre noir soufflé avec greffe et fils jaunes en relief.

Schwarzes geblasenes Glas mit Incalmo und gelben Relieffäden.

15

Murano 1983

Vetro celeste orizzonte con
canne azzurro e cristallo,
ritorte a caldo e costolatura a
spirale in senso contrario.

Air force blue glass with
sky-blue and crystal canes,
twisted whilst hot, and
contrasting spiral ribbing.

Verre bleu horizon avec tiges
bleues et cristal recourbées à
chaud et nervures en spirale
en sens inverse.

62

Hellblaues Glas mit heiß
gedrehten, blauen und
farblosen Stäbchen und
entgegengesetztem
Spiralrippenmuster.

LINO TAGLIAPIETRA

16

Murano 1983

Vetro soffiato a canne bianche e nere con zanfirico bianco e nero incrociato.

Blown glass made from black and white canes, with black and white *zanfirico* (spiral) meshwork pattern.

Verre soufflé avec tiges blanches et noires et filet blanc et noir croisé.

64 Geblasenes Glas aus weißen und schwarzen Stäbchen mit entgegengesetztem, weißem und schwarzem Doppelspiralfiligrandekor.

17

Murano 1983

Vetro nero soffiato ricoperto di canne bianche con coperta verde, doppia apertura contrapposta con linea nera.

Black green-covered, blown glass decorated with white canes; vis-à-vis aperture with black contour.

Verre noir soufflé recouvert de tiges blanches et couverte verte, ouverture double soulignée d'une ligne noire.

66

Schwarzes geblasenes Glas mit grün überzogenen, weißen Stäbchen und doppelter, entgegengesetzter Öffnung mit schwarzer Linie.

18

MINOSSE
Murano 1983

Vetro soffiato bicolore viola e zaffiro con incalmo rientrante e filo rosso centrale.

Two-coloured violet and sapphire glass with incurving *incalmo* section and red thread in the centre.

Verre soufflé bicolore violet et saphir avec greffe rentrante et fil rouge central.

Violettes und saphirblaues, geblasenes Glas mit zurückspringendem Incalmo und zentralem, rotem Faden.

19

Murano 1993

Vetro soffiato zaffiro trasparente con pennellature e successivo strato di vetro trasparente.

Transparent, sapphire-coloured blown glass with "brushwork" effect and further layer of clear glass.

Verre soufflé saphir transparent avec coups de pinceau recouverts d'une couche de verre transparente.

68

Klares saphirblaues geblasenes Glas mit Pinselstrichmuster und darüberliegender transparenter Glasschicht.

20

Murano 1983

Vetro incolore soffiato con sottile spirale bianca e con applicazioni di vetro incolore e di mezza filigrana nera.

Colourless blown glass with narrow white spiral; applied decorative motifs in colourless glass and black half-filigree.

Verre incolore soufflé avec fine spirale blanche et applications de verre incolore et demi-filigrane noire.

Geblasenes, farbloses Glas mit feiner weißer Spirale sowie farblosen und schwarzen Fadenglasauflagen.

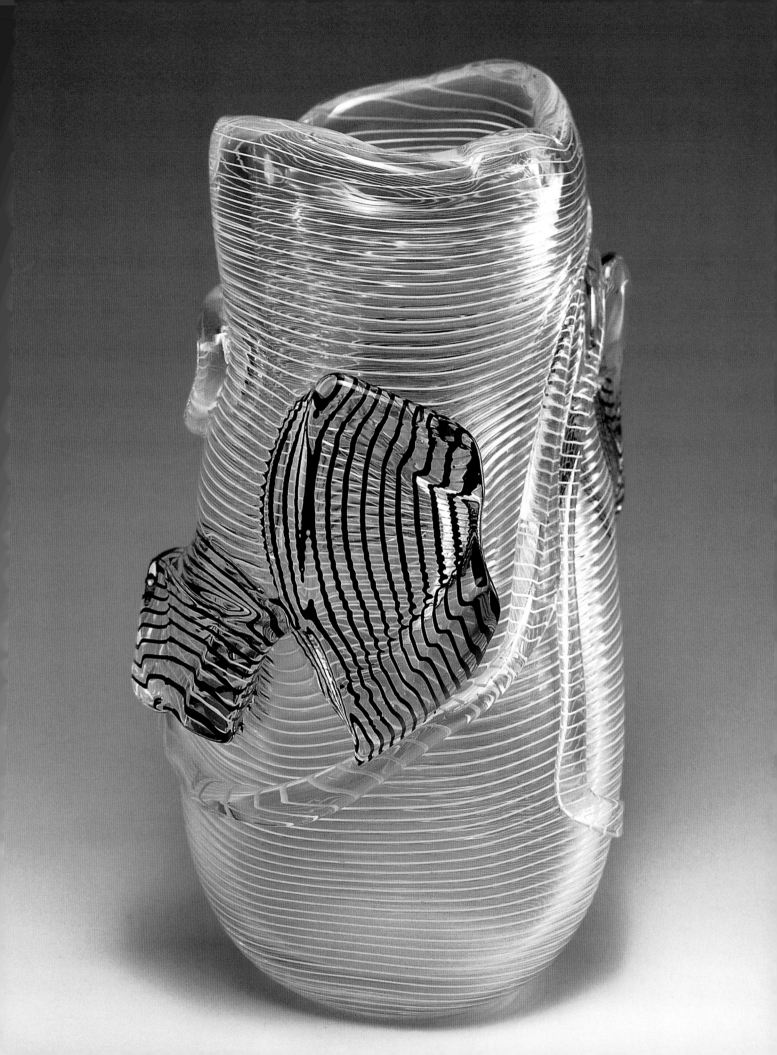

21

Murano 1984

Vetro nero soffiato con
alternate canne bianche di
diversa intensità e misura,
spezzate in fasce orizzontali.

Black, blown glass set with
white canes of various sizes
and nuances, divided into
horizontal bands.

Verre noir soufflé avec tiges
alternées d'intensité et de
dimension variables, brisées
en bandes horizontales.

70

Schwarzes geblasenes Glas
mit quer gebündelten
Milchglasstäbchen
unterschiedlicher Intensität
und Größe.

22

DONNA IN JEANS
Murano 1984

Vetro nero soffiato con canne
azzurre a nucleo bianco,
interrotte trasversalmente per
formare una decorazione
elicoidale.

Black, blown glass with
sky-blue, white-centred canes
which were cut crosswise to
create a spiral effect.

Verre noir soufflé avec tiges
bleues à noyau blanc,
interrompues
transversalement pour former
une décoration hélicoïdale.

Schwarzes geblasenes Glas
mit blauen, diagonal
unterbrochenen,
weißkernigen, blauen Stäben,
die ein Kreuzmuster ergeben.

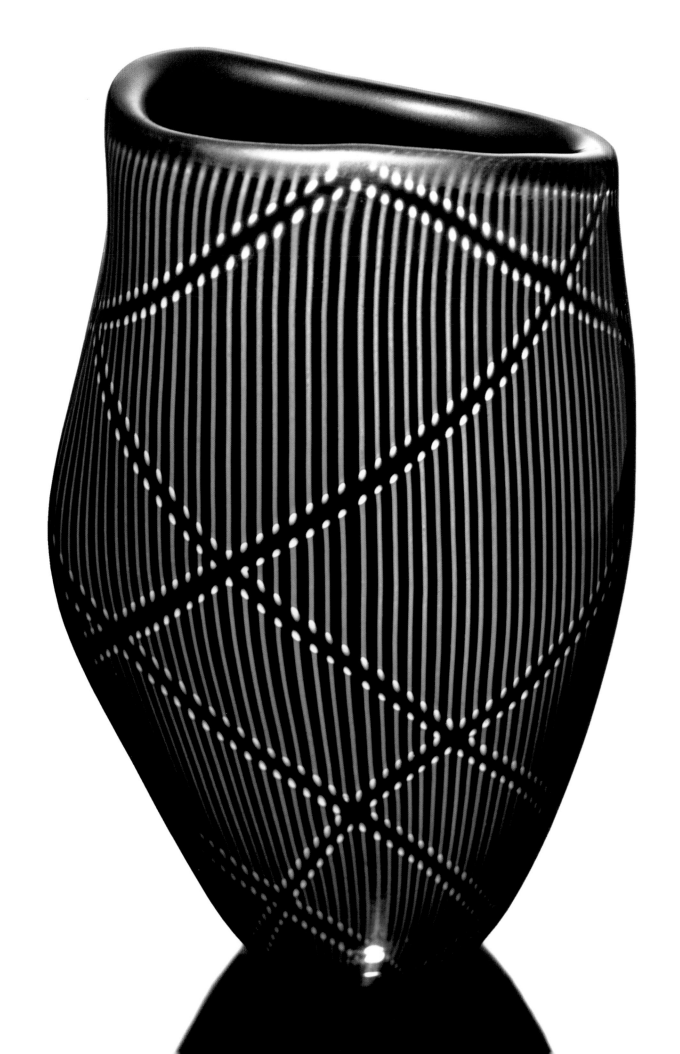

23

ONDA
Murano 1984

Piatto in vetro bianco con canne grigie e topazio opaco ritorte a doppia spirale contrapposta.

Opaque white glass plate with grey and topaz canes twisted into a contrasting double spiral band.

Plat en verre blanc avec tiges grises et topaze opaque recourbées en double spirale contraire.

Teller aus Milchglas mit gedrehten grauen und mattgoldgelben Doppelspiralstäben.

24

NANCHINO
Murano 1984

Scatola biconica nera, incalmo con doppia fascia centrale e canna di zanfirico rosse.

Black biconical box, *incalmo* with double band at the centre and red spiral-shaped cane.

Boîte bi-conique noire, greffe avec double bande centrale et tige filetée rouges.

Schwarze doppelkonische Schachtel mit zentralem rotem und incalmiertem Doppelstreifen und roten Doppelspiralstäbchen.

25

ORFEO
Murano 1984

Vetro soffiato con incalmi multipli verticali, mezza filigrana e spirale.

Blown glass with series of vertical *incalmi*, half-filigree and spiral decoration.

Verre soufflé avec greffes verticales multiples, demi-filigrane et spirale.

Geblasenes Glas mit mehreren vertikalen Incalmi, Halbfiligran und Spirale.

26

MEDEA
Murano 1984

Piatto di vetro nero con canne
rosse a nucleo bianco
interrotte per formare una
stilizzata decorazione floreale.

Black glass plate with red,
white-centred canes cut away
to create stylised floral
decoration.

Plat de verre noir avec tiges
rouges à noyau blanc
interrompues pour former une
décoration florale stylisée.

Schwarzer Glasteller mit
unterbrochenen,
weißkernigen, roten
Stäbchen, die eine stilisierte
Blumendekoration bilden.

74

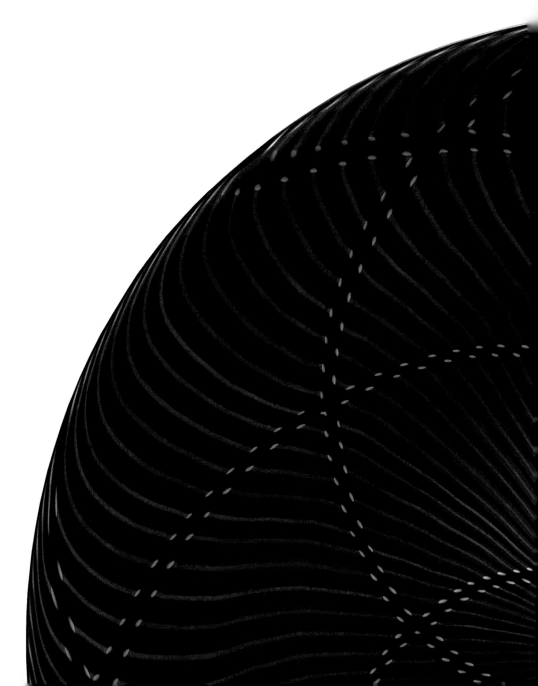

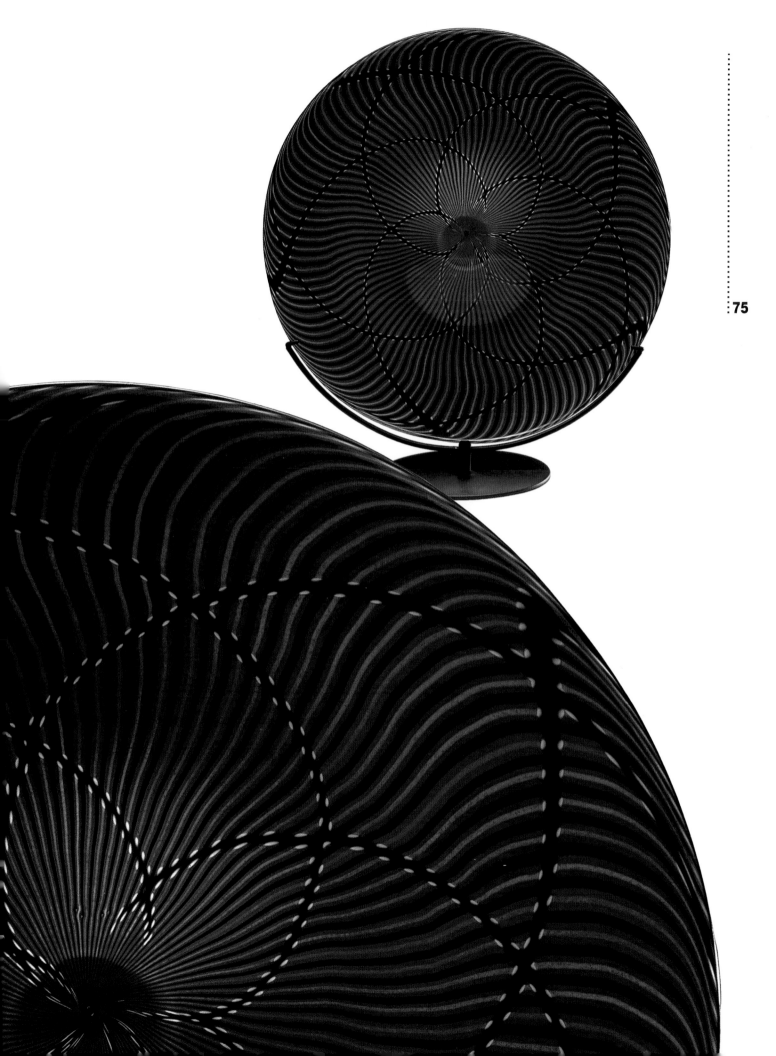

27

TINTA
Murano 1984

Piatto in vetro opaco nero con
fasce indaco e terra d'ombra.

Opaque black glass plate
with indigo and umber bands.

Plat en verre opaque noir
avec bandes indigo et terre
d'ombre.

Teller aus schwarzem
Opalglas mit indigofarbenen
und bergbraunen Streifen.

76

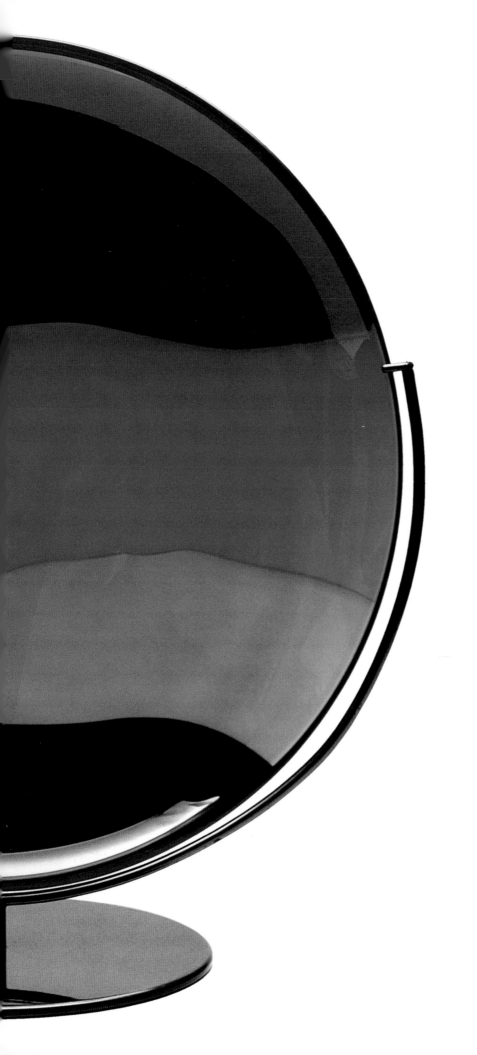

28

E
Murano 1984

Vetro giallo opaco con mezza filigrana nera a spirale e applicazioni di vetro trasparente.

Opaque yellow glass with black half-filigree spiral bands and applied decorative motifs in clear glass.

Verre jaune opaque avec demi-filigrane noire en spirale et applications de verre transparent.

Gelbes Opalglas mit schwarzem Spiralhalbfiligran und transparenten Glasauflagen.

78

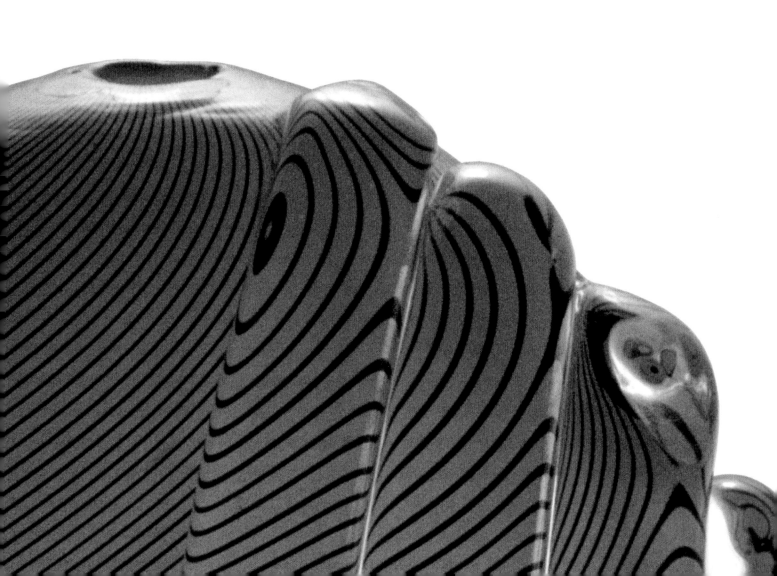

29

Dada
Murano 1984

Vetro opaco giallo con inserti
murrini neri.

Opaque yellow glass
containing black *murrini*
(mosaic glass).

Verre jaune opaque avec
incrustations noires.

Gelbes Opalglas mit
eingeschlossenen "Murrine"
in schwarzem Streifenmuster.

80

30

Pietre di Venezia
Murano 1984

Coppia di parallelepipedi in
vetro soffiato con fasce
alternate orizzontali.

Pair of parallelepipeds made
of blown glass with alternate
horizontal bands.

Couple de parallélépipèdes
en verre soufflé avec bandes
horizontales alternées.

Parallelflachpaar aus
geblasenem Glas mit
alternierenden Querstreifen.

31

GIANO
Murano 1984

Piatto e due bottiglie in vetro
nero con canne rosso corallo.

Plate and two bottles in black
glass with coral red canes.

Plat et deux bouteilles en
verre noir avec tiges rouge
corail.

Teller und zwei Flaschen aus
schwarzem Glas mit
korallenroten Stäbchen.

32

Piatto e boccia incolori con
canne zaffiro, celeste, terra
d'ombra, topazio e bordo
zaffiro.

Colourless plate and decanter
with sapphire, light-blue,
umber and topaz canes and
sapphire rim.

Plat et flacon incolores avec
tiges saphir, bleu ciel, terre
d'ombre, topaze et bord
saphir.

84

Teller und Karaffe aus
farblosem Glas mit
saphirblauen, hellblauen,
bergbraunen und goldgelben
Stäbchen und saphirblauem
Rand.

Murano 1985

Vetro ametista soffiato con applicazioni di fili ametista scuro e murrine policrome.

Amethyst-coloured blown glass decorated with deep amethyst threading and polychrome *murrine*.

Verre améthyste avec application de fils améthyste sombre et "murrine" polychromes.

Amethystfarbenes geblasenes Glas mit dunkelamethystfarbenen Fadenauflagen und buntem Murrinidekor.

86

34

Murano 1985

Vetro "saturno" incolore con foro centrale e spirale di canne bianche e nere.

Colourless "saturn" glass with hole in the centre and black and white canes forming a spiral design.

Verre "saturno" incolore avec orifice centrale et spirales de tiges blanches et noires.

Farbloses "Saturno"-Glas mit zentraler Öffnung und schwarzen und Milchglas-Spiralstäbchen.

Murano 1985

Vaso e ciotola di vetro nero
soffiato con all'interno spirale
nera su fondo bianco, doppio
bordo con incluso filo rosso.

Black, blown glass vase and
bowl with black inner spiral
design set against a white
background; double rim
incorporating red threading.

Vase et coupe en verre noir
soufflé avec spirale intérieure
noire sur fond blanc, bord
double souligné de rouge.

Geblasene Vase und
Schüssel aus schwarzem
Glas mit schwarzem
Spiraleinschluß auf
Milchglasgrund, Doppelrand
mit eingeschlossenem roten
Faden.

36

SAIGON
Murano 1985

Vetro soffiato nero con
murrine rosse e grigie.

Black, blown glass with red
and grey *murrine.*

Verre soufflé noir avec
"murrine" rouges et grises.

Schwarzes, geblasenes Glas
mit roten und grauen Murrini.

90

37

Murano 1985

Vetro soffiato incolore con
incalmo rosso e spirale nera.

Colourless blown glass with
red *incalmo* and black spiral
design.

Verre soufflé incolore avec
greffe rouge et spirale noire.

Farbloses geblasenes Glas
mit rotem Incalmo und
schwarzer Spirale.

38

PUEBLO
Murano 1985

Piatto e vaso di vetro nero con
canne e spirale terra d'ombra.

Black glass plate and vase
with umber canes and spiral.

Plat et vase noir avec tiges et
spirale terre d'ombre.

Teller und Vase aus
schwarzem Glas mit
bergbraunen Stäbchen und
Spiralen.

92

39

Tessuto
Murano 1985

Vetro soffiato con cinque
sovrapposizioni di canne
verticale bicolori e spirali
nere.

Blown glass with five
superimposed two-coloured
vertical canes and black
spirals.

Verre soufflé avec cinq
superpositions de tiges
verticales bicolores et spirales
noires.

94

Geblasenes Glas mit fünf
zweifarbigen, vertikal
übereinandergeschmolzenen
Stäben und schwarzen
Spiralen.

40

TORCELLO
Murano 1986

Vetro ghiaccio soffiato
"pulegoso" celeste orizzonte
con canne nere a nucleo
bianco disposte a spirale
spezzata.

Air force blue, blown ice glass
with inlaid pattern of air
bubbles (*pulegoso*) and
white-centred black canes
forming a broken spiral.

Verre soufflé glacé
"pulegoso" bleu horizon avec
tiges noires à noyau blanc,
disposées en spirale brisée.

Geblasenes himmelblaues,
blasiges Eisglas mit
schwarzen, in unterbrochener
Spiralmusterung
angeordneten Stäben mit
weißem Kern.

41

TORCELLO
Murano 1986

Vetro ghiaccio soffiato
"pulegoso" azzurro con
canne gialle e nere disposte a
spirale spezzata.

Sky-blue, blown ice glass with
enclosed air-bubble pattern
and yellow and black canes
forming a broken spiral.

Verre soufflé glacé "pulegoso"
bleu avec tiges jaunes et
noires disposées en spirale
brisée.

Geblasene blaues, blasiges
Eisglas mit gelben und
schwarzen, in unterbrochener
Spiralmusterung
angeordneten Stäben.

42

TEODORICO
Murano 1985

Vetro incolore con inserti
topazio bruciato.

Colourless glass with burnt
topaz inlays.

Verre incolore avec insertions
topaze brûlé.

Farbloses Glas mit
rauchtopasfarbenen
Einschlüssen.

43
UNGA
Murano 1987

Piatto giallo trasparente con incalmo centrale, canne colorate composte, battuto a mola.

Transparent yellow plate with central *incalmo* section and a blend of coloured canes; hammered at the wheel.

Plat jaune transparent avec greffe centrale, tiges colorées composées, travaillé à la meule.

Klarer gelber Teller mit zentralem Incalmo, und Komposition aus bunten Stäben; geschliffen.

44
Murano 1987

Vetro soffiato di canne alternate topazio-arancio e celeste con coperta di cristallo.

Blown-orange glass made of alternate topaz-orange and light-blue canes; crystal casing.

Verre soufflé composé de tiges alternées topaze-orange et bleu ciel avec couverte de cristal.

Geblasenes Glas aus abwechselnd goldgelb-orangenen und himmelblauen Stäben mit farblosem Überfang.

98

45

Torcello
Murano 1986

Vetro ghiaccio soffiato "pulegoso" pagliesco con canne nere e topazio disposte a spirale spezzata.

Straw-yellow, blown ice glass with enclosed air-bubble pattern; black and topaz canes form a broken spiral.

Verre soufflé glacé "pulegoso" jaune paille avec tiges noires et topaze disposées en spirale brisée.

100

Geblasenes strohfarbenes, blasiges Eisglas mit schwarzen und goldgelben, in unterbrochener Spiralmusterung aufgeschmolzenen Stäben.

46

Cogolo
Murano 1987

Vasi e piatto di canne a zanfirico in filigrana rosa.

Vases and plates decorated with pink filigree *zanfirico* canes.

Vases et plat composés de tiges "a zanfirico" en filigrane rose.

Vasen und Teller aus doppelspiraligen, rosaroten Filigranstäben.

47

FOGLIA
Murano 1987

Vetro soffiato trasparente con
inserite canne bianche,
azzurre e celeste orizzonte.

Clear blown glass containing
white, sky-blue and air force
blue canes.

Verre soufflé transparent avec
insertions de tiges blanches,
bleues et bleu horizon.

102

Farbloses geblasenes Glas
mit eingeschlossenen weißen,
himmelblauen und hellblauen
Stäben.

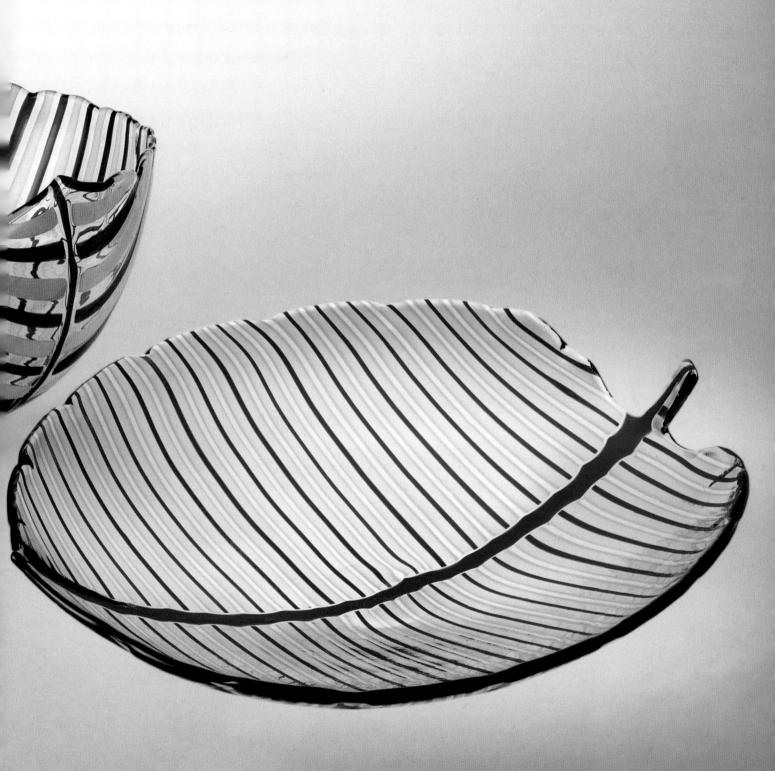

48

Murano 1988

Vetro soffiato nero con canne azzurre all'interno e canne rosse all'esterno, con tre cordoli neri orizzontali di grosso spessore.

Black, blown glass with sky-blue inner canes, red outer canes, and three thick black horizontal seams.

Verre soufflé noir avec tiges bleues à l'intérieur et rouges à l'extérieur, et trois bandes horizontales de grosse épaisseur.

Schwarzes geblasenes Glas mit eingeschlossenen blauen und aufgeschmolzenen roten Stäben und drei umsponnenen, dicken Kordeln.

104

49

Notte del Redentore
Murano 1988

Vetro soffiato incolore ricoperto da fasce e fili multicolore orizzontali e verticali. Rientranza verticale su un lato.

Colourless blown glass covered by multicoloured horizontal and vertical bands and threads. Vertical fold on one side.

Verre soufflé incolore recouvert de bandes et de fils multicolores horizontaux et verticaux. Renfoncement vertical d'un côté.

Farbloses geblasenes Glas mit horizontal und vertikal laufenden bunten Streifen und Fäden. Vertikale, seitliche Einbuchtung.

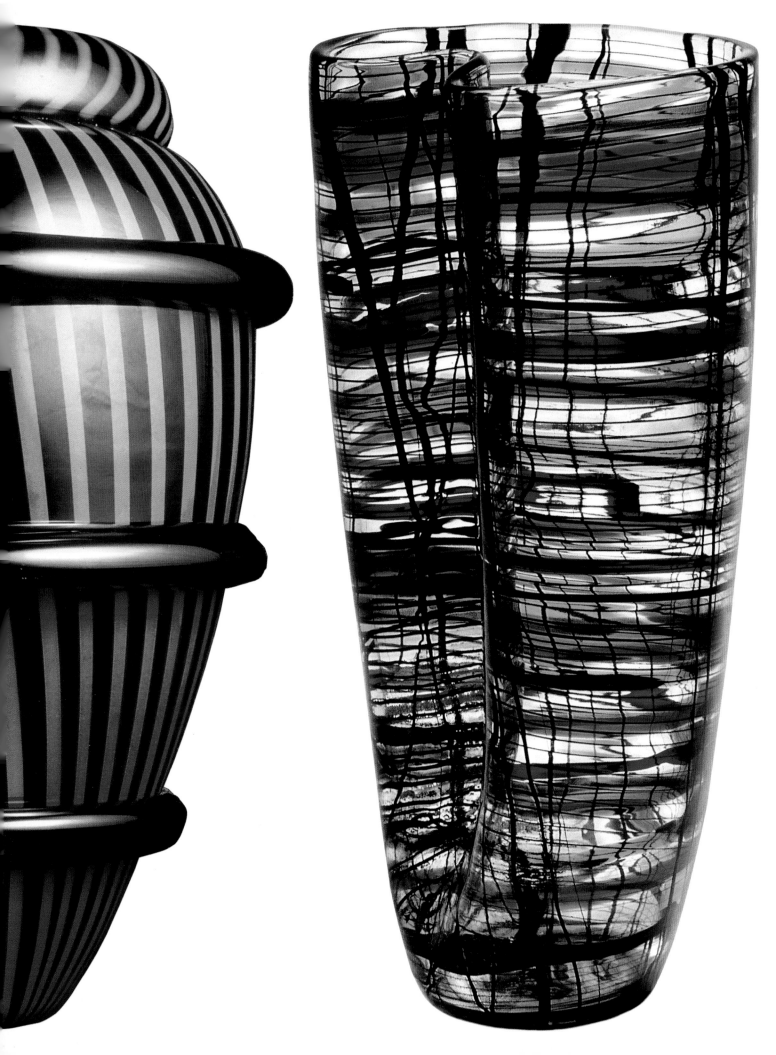

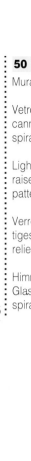

50

Murano 1988

Vetro soffiato celeste con
canne azzurre in rilievo a
spirale.

Light-blue, blown glass with
raised canes forming a spiral
pattern.

Verre soufflé bleu ciel avec
tiges bleues en spirales et en
relief.

Himmelblaues geblasenes
Glas mit blauen,
spiralförmigen Reliefspiralen.

106

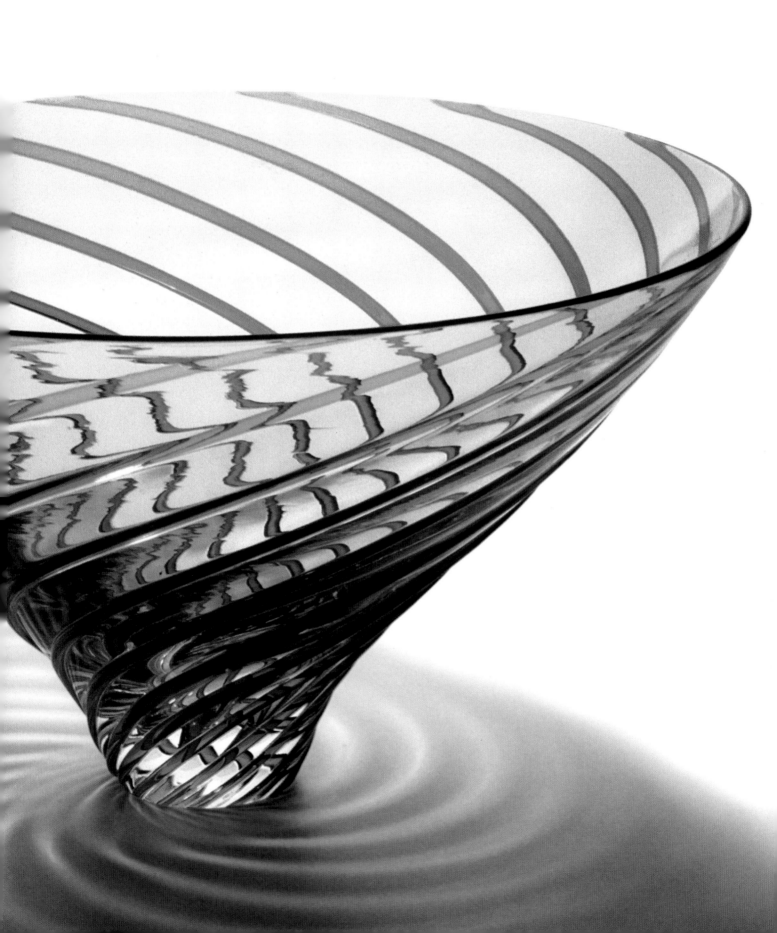

51

Murano 1988

Vetro soffiato azzurro pallido ricoperto da un reticolo interrotto di canne con diversa intensità di azzurro.

Pale-blue blown glass covered by a broken mesh of canes in various shades of sky blue.

Verre soufflé bleu pâle recouvert d'un filet interrompu de tiges de diverses nuances de bleu.

Blaßhimmelblaues geblasenes Glas, überzogen mit einem unterbrochenen Netz aus Stäben in verschiedenen Himmelblautönen.

52

TARTANA
Murano 1988

Vetro soffiato di canne zanfirico a filigrana azzurra.

Blown glass made of sky-blue filigree *zanfirico* canes.

Verre soufflé de tiges "zanfirico" en filigrane bleue.

Geblasenes Glas aus himmelblauen, doppelspiraligen Filigranstäben.

53

Murano 1988

Vetro soffiato verde pallido
con applicazione di fiori
multicolore.

Pale-green, blown glass with
applied flowers, in a variety of
colours.

Verre soufflé vert pâle avec
application de fleurs
multicolores.

Blaßgrünes geblasenes Glas
mit aufgeschmolzenen,
bunten Blumen.

110

54

Seattle 1989

Vetro soffiato a due corpi elicoidali con canne di filigrana nera e rossa.

Blown glass composed of two spiral sections, with black and red filigree canes.

Verre soufflé à deux parties hélicoïdales avec tiges de filigrane noire et rouge.

Geblasenes Glas mit zwei schraubenförmigen Körpern aus schwarzen und roten Filigranstäben.

112

55

Marsiglia 1989

Vetro soffiato incolore, graffito a freddo.

Colourless glass, cold-worked graffito pattern.

Verre soufflé incolore, gravure à froid.

Farbloses geblasenes, kalt geritztes Glas.

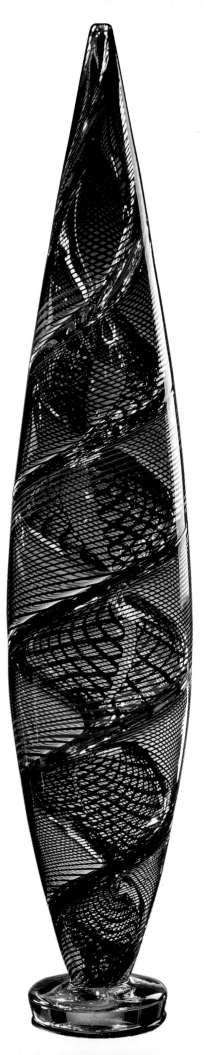

LINO TAGLIAPIETRA

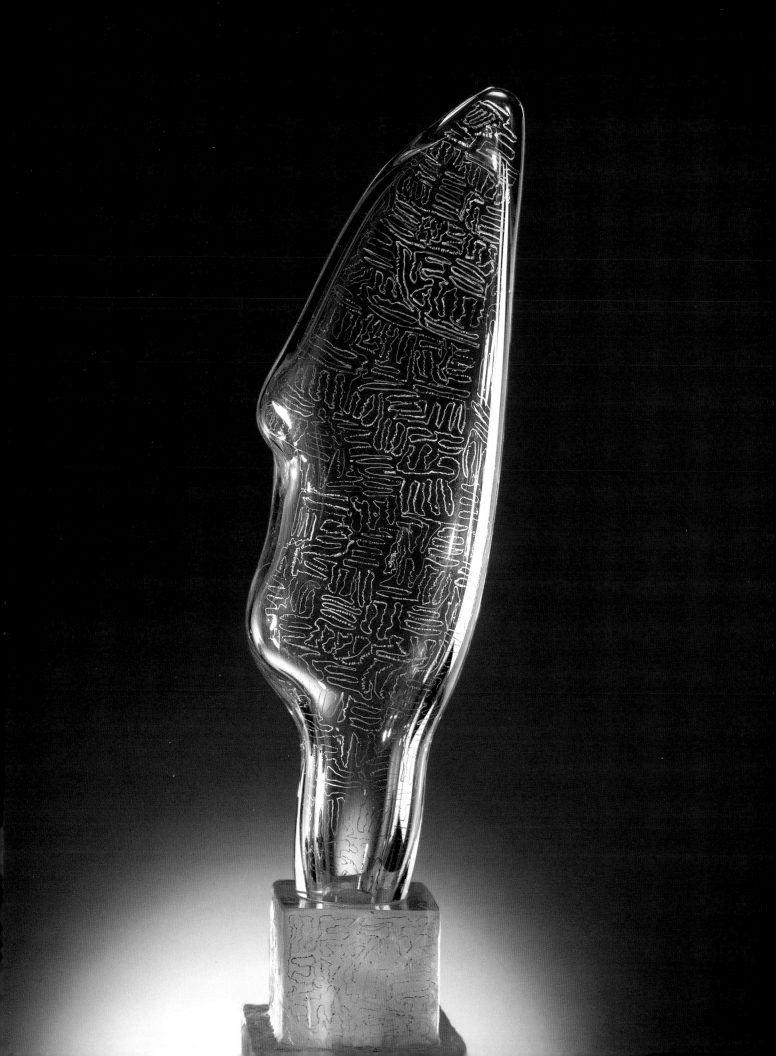

56
Seattle 1989

Vetro soffiato incolore con applicazione di nastri colorati.

Colourless blown glass with applied coloured ribbons.

Verre soufflé incolore avec application de bandes colorées.

Farbloses, geblasenes Glas mit bunten Bandauflagen.

57
CIOTTOLATO
Seattle 1989

Vetro soffiato incolore con incorporata foglia di argento e applicazioni di dischi con spirali colorate.

Colourless blown glass with incorporated silver leaf and applied disks with coloured spirals.

Verre soufflé incolore avec feuille d'argent incorporée et applications de disques avec spirales colorées.

Farbloses, geblasenes Glas mit Silberblatteinschluß und aufgeschmolzenen Scheiben mit bunten Spiralen.

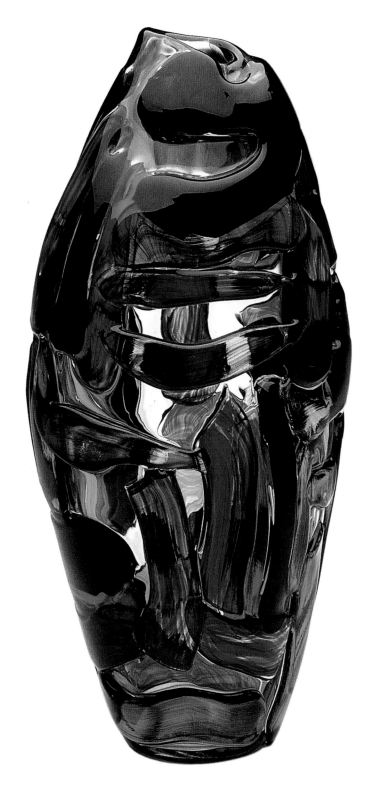

58

Seattle 1990

Vetro soffiato incolore con costolature verticali e cordolo a spirale soffiato con mezza filigrana nera.

Vases in colourless blown glass, with vertical ribbing and blown, spiral-shaped seam with black half-filigree.

Vases de verre soufflé incolore avec nervures verticales et bande en spirale soufflée avec demi-filigrane noire.

Farblose geblasene Vasen mit vertikalen Rippen und geblasener, spiralförmiger Kordel mit schwarzem Halbfiligran.

59

Murano 1990

Vetro ametista e zaffiro con doppia spirale azzurra originata in due poli contrapposti.

Amethyst and sapphire glass with sky-blue double spiral opening out from opposite ends.

Verre améthyste et saphir avec double spirale bleue provenant de deux pôles opposés.

Amethystfarbenes und saphirblaues Glas mit himmelblauer, an zwei gegenüberliegenden Enden ansetzender Doppelspirale.

116

60

CIOTTOLATO 2
Seattle 1990

Vetro soffiato incolore con
applicazione di placche di
diversi colori e inclusioni di
foglia d'argento.

Colourless blown glass with
applied patches of colour
and silver leaf enclosures.

Verre soufflé incolore avec
application de plaques de
diverses couleurs et
inclusions de feuille d'argent.

Farbloses, geblasenes Glas
mit verschiedenfarbigen
Auflagen und
Silberblatteinschlüssen.

61

Seattle 1990

Vetro soffiato violetto con
cordolo in acquamarina
applicato a spirale.

Violet blown glass with
applied aquamarine seam
forming a spiral shape.

Verre soufflé avec bande
aigue-marine appliquée en
spirale.

Violettes, geblasenes Glas
mit spiralförmig
aufgeschmolzener,
aquamarinblauer Kordel.

62

FELUCA
Marsiglia 1990

Coppa rubino con semidisco
azzurro sfumato.

Ruby-red goblet with half-disk
in nuance of sky-blue.

Coupe rubis avec
demi-disque bleu nuancé.

Rubinrote Schale mit
himmelblau nuancierter
Halbscheibe.

120

LINO TAGLIAPIETRA

Orsola
Seattle 1990

Vetro soffiato ametista e zaffiro con spirale rovesciata all'interno.

Amethyst and sapphire blown glass containing inverted spiral.

Verre soufflé améthyste et saphir avec spirale renversée vers l'intérieur.

122

Amethystfarbenes und saphirblaues, geblasenes Glas mit nach innen gekehrter Spirale.

64

Seattle 1990

Vetro soffiato opalino con argento e mezza filigrana ritorta rossa, con piccolo "saturno" nel gambo.

Opaline blown glass with silver and red twisted filigree; small "saturn" in the stem.

Verre soufflé opalin avec argent et demi-filigrane courbée rouge et petit "saturno" dans le socle.

Geblasenes Opalglas mit Silber, rotem Fadenglasdekor und kleinem "Saturno" am Fuß.

65

Olocausto
Seattle 1991

Vetro soffiato a forma
d'uccello color ametista con
costolature a spirale e canne
soffiate di filigrana gialle,
nere, rosse.

Amethyst-coloured glass
blown into the shape of a bird,
with spiral ribbing and yellow,
black and red filigree blown
canes.

Verre soufflé en forme
d'oiseau couleur améthyste
avec nervures en spirale et
tiges soufflées de filigrane
jaunes, noires, rouges.

Amethystfarbenes,
geblasenes Glas in Vogelform
mit Spiralrippen und
geblasenen gelben,
schwarzen und roten
Filigranstäben.

66

Murano 1991

Vetro soffiato composto da
tessere con filigrana nera,
topazio, bianco e azzurro.

Blown glass made up of
tesserae with black, topaz,
white and sky-blue filigree.

Verre soufflé composé de
plaques avec filigrane noire,
topaze, blanc et bleue.

Geblasenes Glas aus
Glasscheiben mit
schwarzer, topazgelber,
weißer und himmelblauer
Filigranmusterung.

67

Murano 1991

Vetro soffiato composto da
tessere bicolori azzurre e
verdi con spirale nera
sommersa.

Blown glass made up of
two-coloured, sky-blue and
green *tesserae* with
"submerged" black spiral.

Verre soufflé composé de
plaques bicolores bleus et
verts avec spirale noire
recouverte.

Geblasenes Glas aus
zweifarbigen, himmelblauen
und grünen Glasstückchen
mit überfangener, schwarzer
Spirale.

124

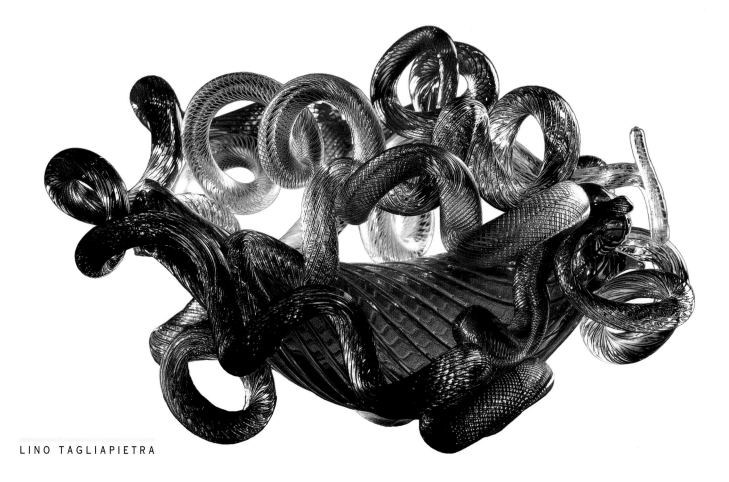

LINO TAGLIAPIETRA

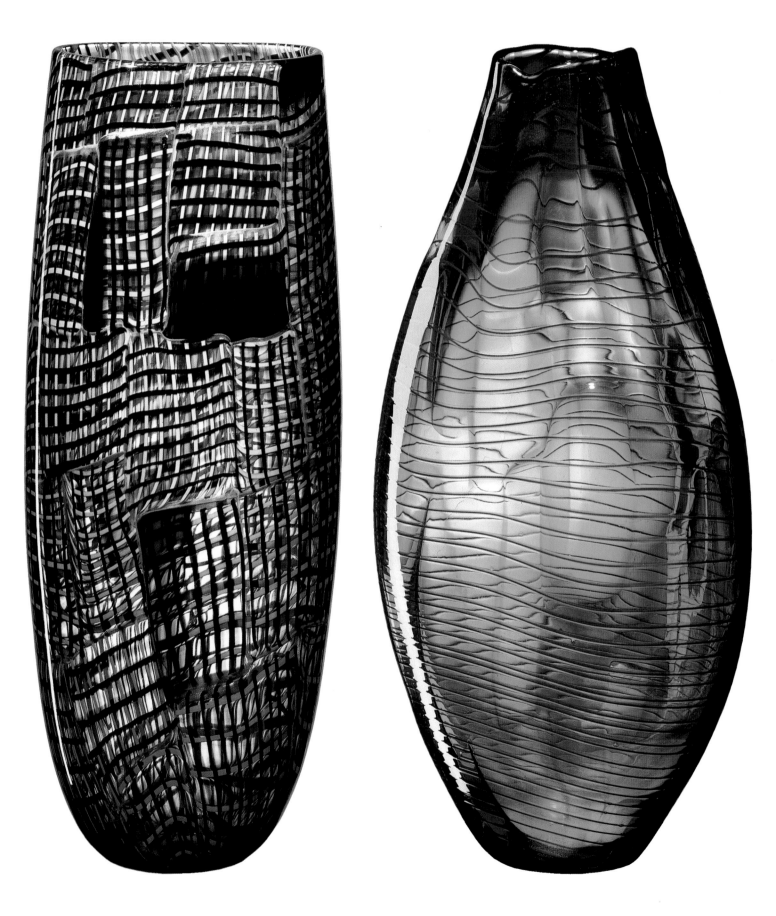

68

SATURNO
Seattle 1991

Sfera soffiata ad incalmo con
fascia orizzontale topazio e
canne ambra e grigio acciaio.

Blown, *incalmo* glass sphere
with topaz horizontal band
and amber and steel grey
canes.

Sphère soufflée et greffée
avec bande horizontale
topaze et tiges ambre et gris
acier.

126

Incalmierte geblasene Kugel
mit topazgelbem Querstreifen
und bernsteingelben und
stahlgrauen Stäben.

69

Murano 1991

Vetro soffiato rosso corallo
con canne interne rosse e
terra di Siena e spirale
esterna nera. Grappolo di
molature lenticolari.

Coral red blown glass with
red and umber inner canes
and black outer spiral; cluster
of wheel-crafted lenticular
motifs.

Verre soufflé rouge corail
avec tiges intérieures rouges
et terre d'ombre et spirale
extérieure noire; grappe de
meulages lentiformes.

Korallenrotes, geblasenes
Glas mit internen roten und
bergbraunen Stäben und
aufgeschmolzener schwarzer
Spirale; linsenförmig
geschliffener Traubendekor.

70

Seattle 1991

Vetro soffiato azzurro e
acquamarina con bordo
ripiegato e soffiato.

Sky-blue and aquamarine
blown glass with folded,
blown rim.

Verre soufflé bleu et
aigue-marine avec bord replié
et soufflé.

Himmel- und
aquamarinblaues Glas mit
umgebogenem, geblasenem
Rand.

128

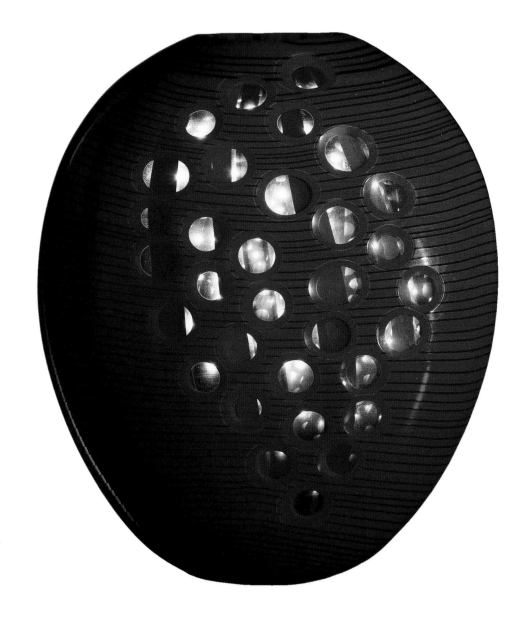

LINO TAGLIAPIETRA

71

Murano 1991

Vetro soffiato incolore con
canne rosse e bianche
verticali sovrapposte e spirali
di filo nero.

Colourless blown glass with
red and white superimposed
vertical canes and black
spiral threads.

Verre soufflé avec tiges
rouges et blanches verticales
superposées et spirales de fil
noir.

130

Farbloses, geblasenes Glas
mit vertikal
aufgeschmolzenen roten und
weißen Stäben und
schwarzen Spiralfäden.

72

Murano 1991

Vetro soffiato con canne
ritorte in giallo e azzurro,
parzialmente ricoperto da una
fascia celeste e una azzurra.

Blown glass with yellow and
sky-blue twisted canes,
partially covered by pale-blue
and sky-blue bands.

Verre soufflé avec tiges
courbées jaunes et bleues,
partiellement recouvert d'une
bande bleu ciel et d'une autre
bleue.

Geblasenes Glas mit
gedrehten gelben und
himmelblauen Filigranstäben,
teilweise überdeckt mit einem
hellblauen und himmelblauem
Streifen.

73

Murano 1991

Vetro soffiato zaffiro e viola con fili nero in doppia spirale contrapposta.

Sapphire and violet blown glass with black threads forming a double spiral pattern.

Verre soufflé saphir et violet avec fils noirs en double spirale opposée.

Saphir- und veilchenblaues geblasenes Glas mit schwarzer, entgegengesetzt laufender Doppelspirale.

74

Murano 1991

Vetro soffiato bianco opaco con canne di mezza filigrana nera ritorte e segmentate a caldo. Bordo con spirale nera e cristallo.

Opaque white blown glass with black half-filigree canes which were twisted and divided into segments whilst hot; rim with black and crystal spiral.

Verre soufflé blanc opaque avec tiges de demi-filigrane noire courbées et segmentées à chaud, bord avec spirale noire et cristal.

Geblasenes Opalmilchglas mit schwarzen, heiß segmentierten und gedrehten Halbfiligranspiralen, Rand mit schwarzer und farbloser Spirale.

75

GABBIA
Seattle 1992

Vetro soffiato incolore a
sezione ovale con canne
rubino, verde, viola e zaffiro in
rilievo e disposte a spirale.

Colourless oval-section blown
glass with raised ruby-red,
green, violet and sapphire
canes forming a spiral.

Verre soufflé incolore à
section ovale avec tiges rubis,
vertes, violettes et saphir en
relief et disposées en spirale.

134

Farbloses, geblasenes Glas
mit ovalem Querschnitt und
reliefierten, spiralförmig
angeordneten, rubinroten,
grünen, violetten und
saphirblauen Stäben.

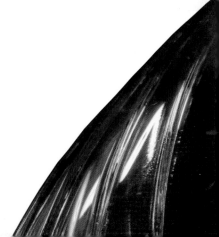

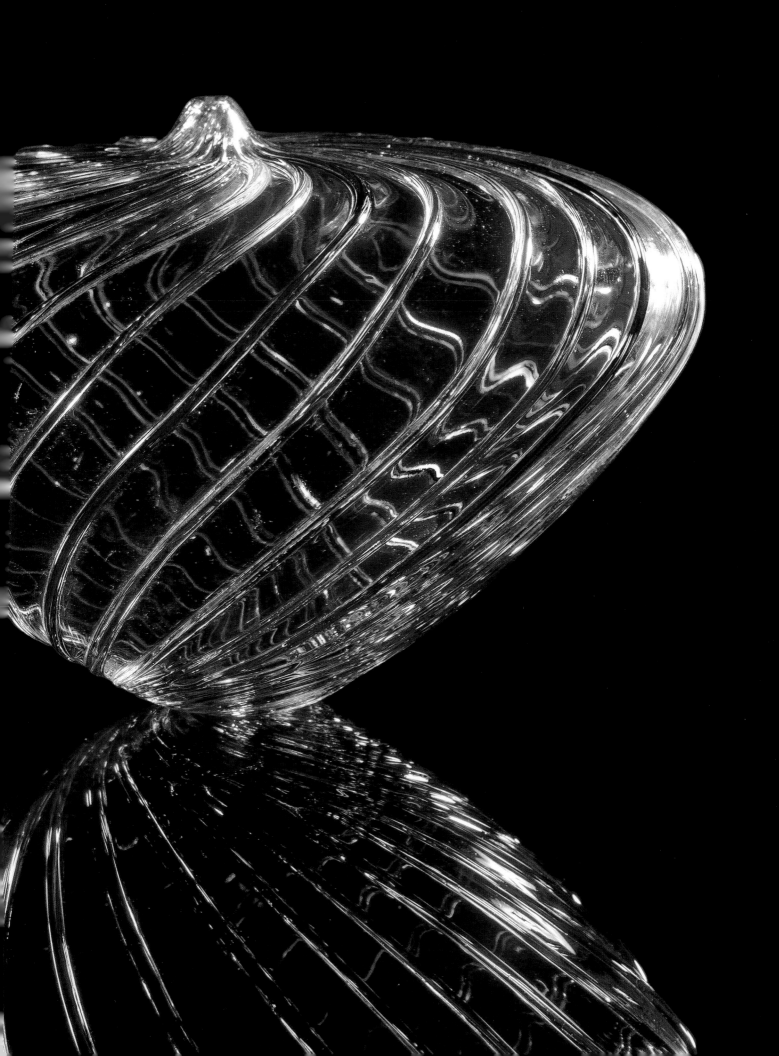

76

Noce dell'amore
Murano 1992

Vetro soffiato rubino con
sovrapposizione di vetro
azzurro opaco, battuto a
mola.

Ruby-red blown glass
overlaid with sky-blue opaque
glass, hammered at the
wheel.

Verre soufflé rubis avec
superposition de verre bleu
opaque, meulé.

136

Rubinrotes geblasenes und
geschliffenes Glas mit
himmelblauen
Opalglasauflagen.

77

HOPI
Murano 1992

Vetro soffiato rosso corallo e
mezza filigrana nera
modellata a caldo.

Coral-red blown glass with
hot-moulded black
half-filigree.

Verre soufflé rouge corail et
demi-filigrane noire modelée
à chaud.

138

Korallenrotes, geblasenes
Glas mit heißmodelliertem,
schwarzem Filigrandekor.

78

SASSO DI MARSIGLIA N. 1
Murano 1992

Vetro soffiato incolore con
inclusione di smalti colorati,
strati di vetro sovrapposti e
spirale azzurra.

Colourless blown glass
containing coloured enamels,
superimposed layers of glass
and sky-blue spiral.

Verre soufflé incolore avec
inclusion d'émaux colorés,
couches de verre
superposées et spirale bleue.

Farbloses geblasenes Glas
mit bunten
Emaileinschlüssen,
aufgeschmolzenen
Glasschichten und
himmelblauer Spirale.

79

NOTTE DEL REDENTORE
Seattle 1992

Coppia di bicchieri di vetro
soffiato incolore ricoperto da
fasce e fili multicolore
orizzontali e verticali.

Pair of goblets made of
colourless blown glass,
covered by horizontal and
vertical pattern of
multicoloured bands and
threading.

140

Deux verres de verre soufflé
incolore recouvert de bandes
et de fils multicolores
horizontaux et verticaux.

Paar farbloser geblasener
Gläser überdeckt mit bunten
Längs- und Querstreifen
und -fäden.

80

VARIGOLA
Freeland 1992

Bicchieri in vetro soffiato a
due corpi elicoidali in mezza
filigrana topazio, azzurro e
nero.

Goblets in blown glass, each
comprising two spiral sections
in topaz, sky-blue and black
half-filigree.

Verres en verre soufflé à deux
parties hélicoïdales en
demi-filigrane topaze, bleue
et noire.

Geblasene Trinkgläser mit
zwei schraubenförmigen
Körpern aus topazgelbem,
himmelblauem und
schwarzem Fadenglas.

Haystack 1992

Bicchieri in vetro soffiato trasparente di vari colori con gambi a "saturno" e a coppa rovesciata.

Goblets made of clear blown glass in various colours, with "saturn" stems and inverted bowls, at the base.

Verres en verre soufflé transparent de diverses couleurs avec pied "saturno" et à coupe renversée.

Verschiedenfarbige, transparente, geblasene Gläser mit "Saturno"-Fuß und umgekehrter Kuppa.

82

GALASSIA
Murano 1993

Grande "saturno" nero,
bianco e rosso con doppio
foro, inclusione di particelle
metalliche e spirale di filo
nero.

Large black, white and red
"saturn" with double aperture,
containing metallic particles
and black spiral thread
design.

Grand "saturno" noir, blanc et
rouge avec double
perforation, inclusion de
particules métalliques et
spirale de fil noir.

Großer schwarz-weiß-roter
"Saturno" mit doppelter
Öffnung, Einschluß von
Metallteilchen und schwarzer
Fadenspirale.

144

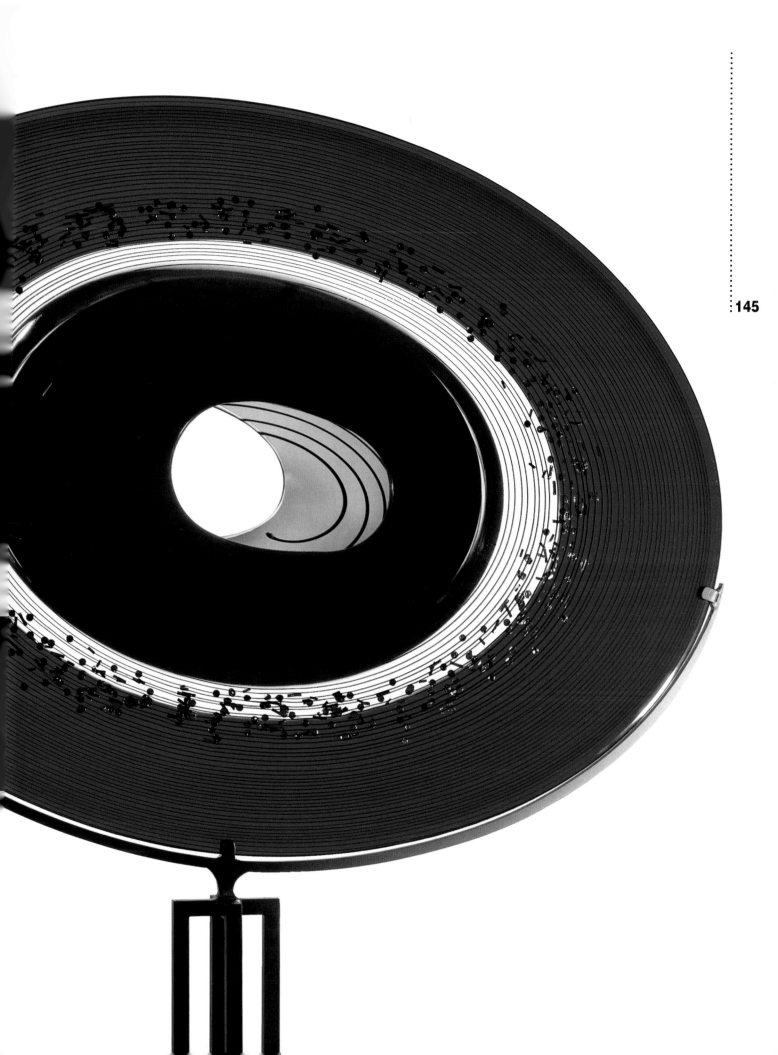

83

INCOMUNICABILITÀ
Murano 1993

Grande "saturno" con doppio
foro in vetro incolore con
doppia spirale di fili neri e
bianchi.

Large colourless glass
"saturn" with double aperture;
double spiral of black and
white threads.

Grand "saturno" avec double
perforation de verre incolore,
double spirale de fils noirs et
blancs.

Großer "Saturno" mit
doppelter Öffnung aus
farblosem Glas und
Doppelspirale aus schwarzen
und weißen Fäden.

LINO TAGLIAPIETRA

84

Murano 1992

Sfera in vetro soffiato incolore e acquamarina con canne di mezza filigrana convergenti in due poli contrapposti, parzialmente battuto a mola.

Colourless and aquamarine sphere in blown glass, with half-filigree canes meeting at two opposite points, partially hammered at the wheel.

Sphère en verre soufflé incolore et aigue-marine avec tiges de demi-filigrane convergeant en deux pôles opposés, partiellement meulé.

Farblose und aquamarinblaue geblasene Glaskugel mit an zwei entgegengesetzten Punkten zusammenlaufenden Fadenglasstäben; Teilschliff.

85

Murano 1993

Vetro soffiato zaffiro con sovrapposizione di polvere metallica e graffito nella parte centrale.

Sapphire-blue, blown glass, with metallic dust and graffito overlay at the centre.

Verre soufflé saphir avec superposition de poudre métallique et gravure dans la partie centrale.

Saphirblaues, geblasenes Glas mit Metallpulverauflagen und Ritzdekor im zentralen Teil.

86

ALFABETO: E
Murano 1993

Vetro soffiato violetto trasparente con doppia spirale sovrapposta bianca e verde con membrana divisoria e apertura laterale.

Clear, violet-tinted blown glass with superimposed double spiral pattern in white and green, divisory membrane and side slit.

Verre soufflé violet transparent, avec double spirale superposée blanche et verte et membrane de division et ouverture latérale.

Klares violettes Glas mit weißer und grüner Doppelspirale, Trennmembrane und seitlicher Öffnung.

148

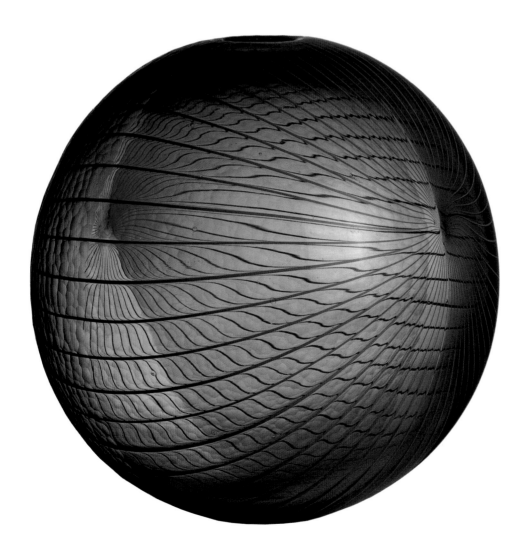

FARAONICO
Murano 1993

Vetro soffiato nero con
sovrapposizioni di fasce e
tessere di vetro "dicroico" di
diverse colorazioni.

Black, blown glass, overlaid
with "dichroic" glass bands
and *tesserae* in various colour
tones.

Verre soufflé noir avec
superpositions de bandes et
de plaques de verre
"dichroïque" de diverses
couleurs.

Schwarzes geblasenes Glas
mit aufgeschmolzenen
Bändern und "dichroitischen"
Glasscheiben in
verschiedenen Farbtönen.

150

88

FARAONICI
Portland 1993

Vetro verde con
sovrapposizioni di tessere di
vetro "dicroico" a rigatura
verticale e orizzontale.

Green glass with horizontally
and vertically striped overlay
of "dichroic" glass *tesserae*.

Verre vert avec
superpositions de plaques de
verre "dichroïque" à rayures
verticales et horizontales.

Grünes Glas mit
aufgeschmolzenen
"dichroitischen" Glasscheiben
und Längs- und Querrillen.

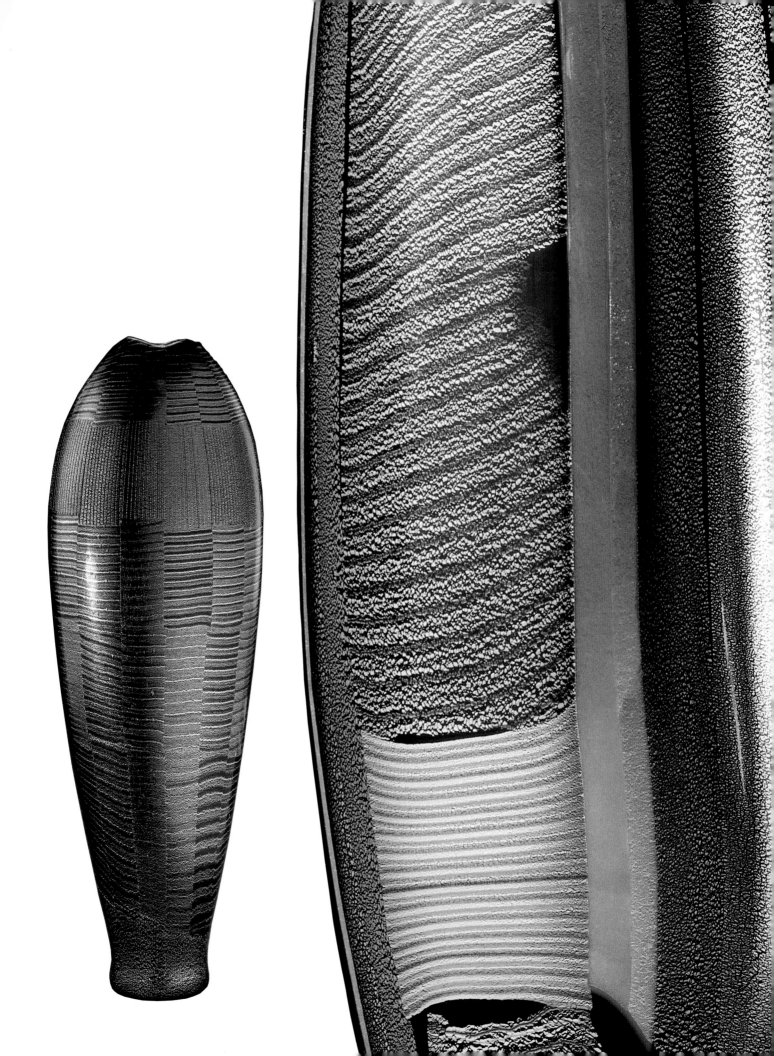

Sᴀssᴏ ʟᴜɴᴀʀᴇ
Portland 1993

Vetro trasparente con
inclusioni di tessere di vetro
"dicroico" ricoperto da uno
spesso strato di vetro
trasparente modellato a
caldo.

Clear glass containing
"dichroic" glass *tesserae*,
covered by a thick layer of
hot-moulded transparent
glass.

152

Verre transparent avec
inclusions de plaques de
verre "dichroïque" recouvert
d'une épaisse couche de
verre transparent modelé à
chaud.

Transparentes Glas mit
Einschlüssen von
"dichroitischen" Glasscheiben
und überdeckt mit einer
dicken, transparenten, heiß
modellierten Glasschicht.

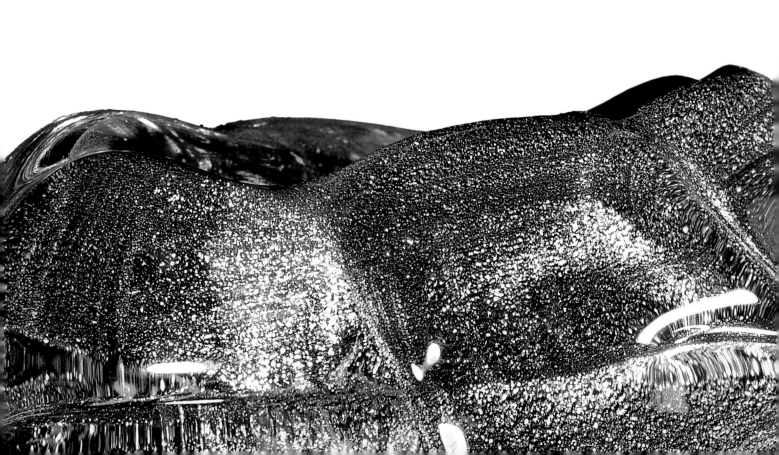

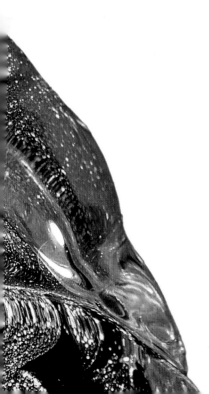

FARAONICI
Murano 1993

Vetro zaffiro con
sovrapposizioni di tessere di
vetro "dicroico" di diverse
colorazioni.

Sapphire glass with
superimposed "dichroic"
tesserae in various colour
tones.

Verre saphir avec
superpositions de plaques
de verre "dichroïque" de
diverses couleurs.

Saphirblaues Glas mit
aufgeschmolzenen,
"dichroitischen" Glasscheiben
in verschiedenen Farbtönen.

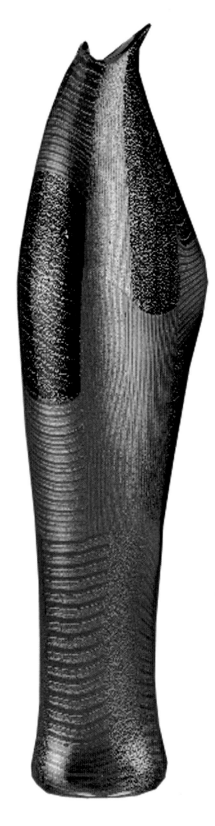

91

BURANELA
Portland 1993

Piastra con tessere
sovrapposte di vetro
"dicroico" con filigrane,
spirali e piattine.

Panel with "dichroic" glass
tesserae overlay, filigree work,
spiral patterns and small tiles.

Plaque avec plaques
superposés de verre
"dichroïque" et filigranes,
spirales et rubans.

156

Platte mit aufgeschmolzenen,
"dichroitischen"
Glasscheiben, dekoriert mit
Filigran, Spiralen und kurzen
Streifen.

92

COPERTA INDIANA
Portland 1993

Piastra di canne a zanfirico
con filigrana in varie tonalità
di smeraldo, zaffiro, ametista
e topazio, con inclusione di
vetro "dicroico".

Panel made from twisted
canes with filigree work in
various shades of emerald
green, sapphire, amethyst
and topaz, with "dichroic"
glass enclosures.

158

Plaque de tiges "a zanfirico"
avec filigrane de diverses
nuances d'émeraude, saphir,
améthyste et topaze et
inclusions de verre
"dichroïque".

Platte aus doppelspiraligen
Filigranstäben in
smaragdgrünen,
saphirblauen, purpurvioletten
und topazgelben
Farbtönen und
"Dichroit"-Einschlüssen.

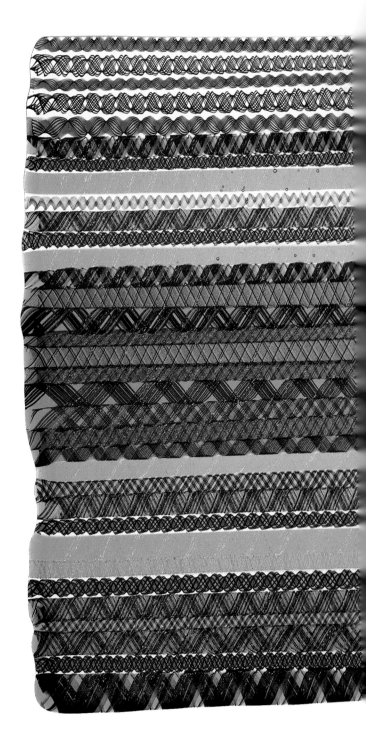

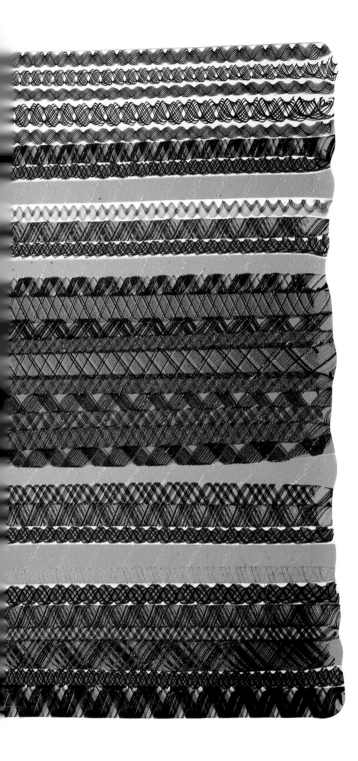

Printed in Italy by
EBS - Editoriale Bortolazzi-Stei
S. Giovanni Lupatoto (Verona)